스타트업 CEO로 산다는 것

스타트업 CEO로 산다는 것

초판 1쇄 발행 · 2021년 1월 29일

지은이 · 임준원
발행인 · 이종원
발행처 · (주)도서출판 길벗
브랜드 · 더퀘스트
주소 · 서울시 마포구 월드컵로 10길 56(서교동)
대표전화 · 02)332-0931 | **팩스** · 02)322-0586
출판사 등록일 · 1990년 12월 24일
홈페이지 · www.gilbut.co.kr | **이메일** · gilbut@gilbut.co.kr

기획 및 편집 · 오수영(cookie@gilbut.co.kr), 김세원, 유예진, 송은경 | **제작** · 이준호, 손일순, 이진혁
마케팅 · 정경원, 최명주, 전예진, 김진영, 장세진 | **영업관리** · 김명자 | **독자지원** · 송혜란

본문디자인 · 프롬디자인 | **교정교열** · 김순영 | **CTP 출력 및 인쇄** · 북토리 | **제본** · 신정문화사

- 더퀘스트는 (주)도서출판 길벗의 인문교양·비즈니스 단행본 브랜드입니다.
- 이 책은 저작권법에 따라 보호받는 저작물이므로 무단전재와 무단복제를 금합니다. 이 책의 전부 또는 일부를 이용하려면
  반드시 사전에 저작권자와 (주)도서출판 길벗(더퀘스트)의 서면 동의를 받아야 합니다.
- 잘못 만든 책은 구입한 서점에서 바꿔 드립니다.

ISBN 979-11-6521-448-7 03320
(길벗 도서번호 090166)

정가 16,000원

독자의 1초를 아껴주는 정성 길벗출판사

길벗 | IT실용서, IT/일반 수험서, IT전문서, 경제실용서, 취미실용서, 건강실용서, 자녀교육서

더퀘스트 | 인문교양서, 비즈니스서

길벗이지톡 | 어학단행본, 어학수험서

길벗스쿨 | 국어학습서, 수학학습서, 유아학습서, 어학학습서, 어린이교양서, 교과서

3,000만 원으로 시작해
2번의 엑시트 까지
젊은 창업가의 성공 노트

스타트업 CEO로
산다는 것

임준원 지음

더퀘스트

이제 막 스타트업 CEO가
된 사람들에게

나는 창업가다. 10년 동안 두 번의 창업을 했다. 사실 대학에서는 소프트웨어를 전공했지만, 졸업 후 통신사와 전자회사에 취업하게 되었다. 신입사원 연수가 끝나자마자 지방 발령을 받아 여유로운 생활을 즐겼지만 전공과는 다소 거리가 있는 통신 분야 업무에 지루함을 느꼈다. 게다가 업무에 있어 에이스였던 사수가 신입인 나를 배려해주는 바람에 맡은 일이 거의 없다시피 했다. 매일 칼퇴근에 주말 근무도 없어서 지역 스쿼시 모임, 영어회화 동아리 등에 참여하며 시간을 보냈다.

그러다 서울에 있는 국내 전자회사 R&D연구소에 자리가 난 것을 발견했다. 지방 생활을 1년도 채우지 못하고 서울에 올라와 새로운 회사 생활을 시작했다. 그런데 일복이 있는 것인지 없는 것인지, 새로운 회사의 소속 팀장님 역시 천천히 적응하라면서 내게 별다른 업무를 주지 않았다.

그렇게 생긴 여유 시간을 어떻게 쓸까 생각하다가 마음 맞는 친구 두 명(마케터, 디자이너)과 일주일에 한 번 서울역 커피숍에서 만나 우리만의 딴짓, 즉 사이드 프로젝트를 시작하게 됐다. 바로 '소셜 미디어 서비스'를 만드는 것이었다. 주말에 함께 모여 서비스를 개발하면서, 훗날 사람들이 우리 서비스를 사용하는 상상을 하며 즐겁게 시간을 보냈다. 그때만 해도 창업에 대한 생각은 전혀 없었고 스타트업이 무엇인지도 몰랐다. 실리콘밸리나 투자 유치조차 모르는 평범한 개발자였다.

프로토타입prototype(시제품)이 나올 시점에 실리콘밸리에 가서 투자자에게 우리 서비스를 보여줄 기회가 생겼다. 이후 큰 물살에 휩쓸리듯 여차저차하는 사이에 회사를 그만두고 창업하게 됐다. 맨땅에 헤딩하듯 아무것도 모르는 상태에서 약 3,000만 원의 자본금으로 시작했고 대표라는 타이틀을 달고 지금까지 왔다.

이 책은 개인적인 경험인 동시에 생존한 창업가 대부분이 겪은 일들로, 사람들이 내게 물어보기도 하고 고민을 털어놓기도 한 것들이다. 창업기업을 운영할 때 일어날 수 있는 에피소드와 이슈, 특히 '사람'에 대한 고민과 해결책을 담았다.

1부는 창업 극초기에 일어나는 일에 대해 정리했다. 이 시기에는 현금흐름뿐 아니라 직원에게 하는 나의 말 한마디부터 주변의 시선에 대한 대처 방법까지 초보 대표로서 신경을 써야 할 것이 많다.

시간이 지나 슬슬 매출이 오르면 업무에 부하가 걸리는데, 이때 회사는 인력을 충원하게 된다. 그런데 어떤 방식으로 충원해야 할지가 고민이다. 무급 인턴이라도 일하고 싶다는 대학생을 고용해도 될까? 무조건 경력직원을 뽑아야 할까? 또한 직원 관리에 대한 고민도 생긴다. 직원의 열정을 유지시키면서 조직의 효율적 운영을 위한 최소한의 규칙과 비전도 설정해야 한다.

한편 사업을 하다 보면 무례하거나 버거운 고객을 만나는 일이 다반사다. 이럴 때는 어떻게 해야 할까? 참아야 할까, 맞서야 할까? 열정만 앞서는 초보 대표로 보이지 않으려면 어떻게 해야 할지, 마음가짐은 어때야 할지에 대해 정리했다. 협상 중에서도 투자 유치는 창업 초기 대표라면 무조건 고민하는 주제다. 벤처캐피탈Venture Capital, VC에게 어떻게 접근하고 투자 유치를 하는지, VC를 만나기 전 알아야 할 것들을 소개했다.

2부는 창업 극초기를 지나 하나하나 기반을 다져가는 시기에 벌어지는 사건들을 다루었다. 이 시기에는 슬슬 리더십에 대한 고민이 생긴다. 대표로서 대외적인 이미지 메이킹을 어떻게 해야 할지 방법을 알아볼 때다. 대표의 이미지는 기업문화에 큰 영향을 미치기에 대충 넘어가서는 안 된다. 또한 고객사와 협상을 하는 방식도 중요하다. 무조건 상대와 싸워 이기는 것이 아니라 공감을 기반으로 설득하는 게 방법임을 깨닫는 시기다. 더불어 직원들에게 동기부여를 하는 방법도 중요하다.

3부는 창업 중기에 생기는 일들에 대해 정리했다. 이때는 비로소 조직의 외형을 갖추고 나름의 프로세스도 존재하는 시기다. 사람이 많아진 만큼 대표는 결정할 일도 많아진다. 구성원 각자의 책임과 역할이 나뉘고 직원들의 R&R^{Role and Responsibilities}을 고민하게 된다. 조직 운영과 관련된 결정과 더불어 법인카드, 복지 제도 등에서도 규칙을 명확하게 정해서 구멍가게 같은 회사를 벗어나야 한다.

이때부터는 경력직 채용이 빈번하게 이뤄지므로 채용 시 걸러야 할 직원 유형들을 정리해봤다. 또한 스타급 직원을 고용, 유지하려면 어떻게 해야 하는지도 정리했다. 이렇게 점점 조직이 커지다 보면 사람보다는 시스템으로 운영되는 방법에 대해 고민하게 된다. 대표의 성공 경험을 하나의 시스템으로 만들고 운영하려면 대표는 어떤 역할을 해야 할까? 또한 그동안 엄청난 스트레스를 받으며 에너지를 쏟아온 대표는 이때 한 번쯤 번아웃에 빠진다. 이런 번아웃을 어떻게 예방할 수 있을지 또는 어떻게 빠져나올 수 있을지 내 경험을 토대로 몇 가지 방법을 정리했다.

마지막으로 4부는 운영과 성장을 반복하는 창업 지속기에 대한 이야기다. 이 시기까지 왔다면 정말 다양한 유형의 사람들을 만났을 것이다. 대표는 많은 사람의 퇴사를 지켜보고 또 채용했을 시기다. 아마도 사람들의 뻔한 퇴사 사유에 진저리가 났을 수도 있다. 그러나 대표는 퇴사자의 진짜 퇴사 이유를 발견해야만 퇴사 발생률을 줄이고 채용 방식을 개선할 수 있다.

또한 여러 번의 연봉 협상을 거치면서 직원의 성과 측정과 관리에 집중하게 된다. 조직을 지속가능한 기업으로 만들기 위해 반드시 필요한 성과 관리와 목표 설정에 대해 정리했다.

조직의 다양성을 유지하면서 성과를 내기 위한 비전과 직원의 성장이 연결되는 환경을 제시하는 것은 대표의 숙명이다. 다만 대표에게는 다양성과 아웃라이어를 구별하는 능력이 필요하다. 이 정도까지 오면 대표는 창업 초기에 갖고 있던 역량 이외의 것들을 갖게 된다. 나는 창업 초기엔 개발자였지만 시간이 흐르며 개발 파트에서는 살짝 물러나게 되었다. 대신 기획, 전략, 마케팅, 회계 등을 조금씩은 다 알고 다루는 제너럴리스트가 되었다. 이런 현상이 좋은 일인지 혹은 더 나은 방향이 있는지를 살펴본다.

10년간 두 번의 창업과 두 번의 엑시트를 진행하는 동안 그 이면에 들끓던 수많은 문제들이 있었다. 특히 직원, 고객사, VC 등 많은 사람들과 고군분투하며 인력은 '1+1=2'처럼 딱 떨어지는 게 아니라고 느꼈다. 그리고 창업의 시작과 끝은 결국 '사람 관리'라는 것을 깨닫게 되었다.

그런 나의 '창업 하이퍼 리얼리즘' 이야기를 시작하려 한다. 많은 창업가들에게 조금이나마 도움이 되었으면 좋겠다.

○ 기억해야 할 창업 단계와 할 일 ○

1 STEP

| 0~6개월 |

창업 극초기

고객사, VC 앞에서
당당한 대표 되기

2 STEP

| 6개월~2년 이하 |

창업 초기

조직을 안정화시키는
리더십 메이킹

3 STEP

| 2년~5년 이하 |

창업 중기

S~B급 직원 관리와
명확한 업무 지시

4 STEP

| 5년 이상~ |

창업 지속기

회사의 성과와 직원의
비전 관리하기

··· (차례) ···

2부

회사의 기초를
탄탄히 만드는 시간

본격적으로 직원과 합을 맞추는 '창업 초기'

3부

성숙한 조직 운영을 위한 실속 조언

명확한 업무분장과 규칙을 정립하는 '창업 중기'

4 부 꾸준히 성장하는 회사로 키워라

디테일한 문제점을 찾아 해결하는 '창업 지속기'

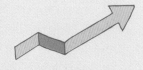

1 부

신입 대표를 위한
업무 매뉴얼

모든 게 다 처음인 '창업 극초기'

INFO

CED

MAIL

01

창업은
현실이다

나를 들뜨게 했던 실리콘밸리

'창업 스토리' 하면 뭔가 대단하고 특별한 이야기가 있을 것 같지만, 내 경우 그렇게 말할 만한 일은 없었다. 앞서도 언급했지만 마음 맞는 친구 몇 명과 재밌는 서비스를 만들다가 우연히 스타트업의 성지인 실리콘밸리에 갈 일이 생겼고, 이를 계기로 창업하게 되었다.

하지만 한 달 넘게 머물렀던 실리콘밸리에서의 경험은 정말 특별했다. 당시 국내는 창업 붐이 일기 직전이었고, 따라서 요즘같이 창업 커리큘럼이 많지 않았다. 준비 없이 곧바로 실전에 뛰어들었다는 이야기다. IR^{Investor Relations}, 피칭, 비즈니스 모델이 무엇인지도 모르고 갔기에 닥치면 그때그때 배우며 만들어갔다. 현지 VC^{Venture Capital}에게 서비스를 보여주며 우리의 가치를 설명하고 투자를 요청하기도 했지만, 이제 겨우 프로토타입만 있고 현지 법인도 세우지 않은 한국인 창업가에게 투자할 VC는 없었다. 실망하지 않았다면 거짓말일 것이다. 그러나 배운 게 훨씬 많았던 시간이었다.

거의 매일 저녁 열리던 네트워킹 파티에서는 현지 창업 생태계에서 활발하게 활동하는 창업가 및 관계자를 만날 수 있었다. 전설적인 기업가들, 연쇄 창업가들을 만나며 나도 내 분야에서 성공할 수 있다는 장밋빛 미래를 그리게 되었다. 또한 내 사업에 투자할 사람이나 도움을 줄 수 있는 사람을 만날 기회였기에 적극적으로 말을 걸고 대화를 시도했다. 힘들지만 신기했고 동시에 흥분이 가라앉지 않았다.

실리콘밸리에서 창업에 대해 배우면서 나는 마치 집중 과외를 받는 것처럼 빠른 속도로 내가 만들어갈 회사와 사업의 내용을 구체화했다. 이 경험은 한국에 돌아와서 첫 엔젤 투자를 유치하고 초기 직원들을 채용하는 데 실질적인 도움이 되었다.

실리콘밸리에서 느꼈던 감정 때문인지, 창업 전에는 늘 들떠 있었다. 내가 만든 조직이 얼마나 성장할지, 나의 서비스가 대중에게 어떻게 인식될지 기대했다. 내 회사에 합류할 사람은 누구일지도 궁금했다.

결과를 보여줘야만 하는 '대표'가 되다

첫 스타트업은 2011년에 시작했다. 데이터 기술 기반의 서비스 스타트업이었다. 페이스북 같은 일종의 소셜 미디어를 불특정 다수에게 서비스했다. 당시만 해도 창업 붐이 일기 전이었고 지금처럼 다양한 서비스들이 한국에 존재하지 않았기에 기존 소셜 미디어가 제공하지 못하는 새로운 가치를 전달하겠다는 생각에 소셜 서비스라는 아이템을 선택했다. 그렇다. 아주 이상적인 목표로 시작했다.

첫 직원들 급여일에 정상적으로 월급이 이체된 날 만감이 교차했다. 소비자에서 생산자가 되었다는 게 실감이 났다. 조직을 따르던 사람에서 조직을 이끄는 대표가 되었다. 이제 변명은 통하지 않고 결과로만 보여줘야 하는 사람이 된 것이다. 회사에서 하는 결정은 오롯이 나의 의지였고, 그 결과는 날것 그대로 세상에 공개되었다. 영화에 비유하자면 화려한 미래를 그리는 판타지물에서 현실의 다큐멘터리로 분야가 확 뒤바뀐 느낌이었다.

그렇게 사업을 이어가다 추후 B2B(기업 간 거래)로 방향을 전환했다. 우리가 제공하던 서비스가 '사용자들에게 꼭 필요하지 않은 서비스'라는 반응이 지속되었기 때문이다. 우리 서비스는 사용자에게 '있으면 좋지만 없어도 상관없는 서비스'였다. 그렇지만 기술 자체는 활용도가 많았고 우리를 찾는 기업 고객들이 꽤 있었다. 회사는 B2B 사업에 맞는 방향으로 영업, 마케팅, 개발 프로세스를 잡아갔다.

창업 초기에는 정말 직원이 몇 명 없었다. 보통 창업 조직에는 개발자와 디자이너로 구성된 제품개발팀, 마케팅을 통해 제품을 알리고 개선하는 고객개발팀, 각종 사업과 관련된 모든 일을 하는 사업개발팀 등이 있다. 그중에서도 사업개발팀이 참 모호한데 조직이 커지면 전략팀, 운영팀, IR팀, 제휴팀, 홍보팀, 영업팀, 신사업팀 등으로 나뉘지만 초기 조직에는 충분한 자원이 없다. 그래서 사업개발팀이라는 이름 아래 각종 일을 다 진행하곤 한다. 나 역시 초기에는 마케팅 한 명, 기획 한 명, 전략 한 명으로 구성해 사업개발팀을 신설하고 운영했다.

우리는 B2B 대상의 소프트웨어 솔루션답게 어느 정도 영업망과 프로세스, 레퍼런스가 확보되자 영업팀을 만들어 본격적으로 성과를 만들어내기 시작했다. 그리고 나머지 사업과 관련된 인력은 사업개발팀으로 분리했다.

그렇게 차근차근 성장하며 수천만 원에서 수십억 원의 규모 계약까지 따내기 시작했다. 그리고 약 3년 정도가 지난 시점에 애퀴하이어acqui-hire(기업이 인재 확보를 위해 작은 스타트업 기업을 인수하는 형태의 채용 방식을 일컫는다) 형태로 다른 사업체에 합병되었다.

두 번째 기업도 데이터 분야의 사업이었다. B2B2C(기업과 기업, 기업과 소비자 간 거래) 형태였다. 데이터 시각화 소프트웨어를 개발하여 판매하고 관리해주는 사업이다. 구매자는 기업들이지만 사용자들은 그 기업의 고객 또는 직원들인 형태였다. 빅데이터 트렌드가 오면서 이에 대한 활용도를 높여줄 수 있는 솔루션을 제공한 것이다. 외산 솔루션만 존재하던 시장에 가성비 좋은 국산 솔루션으로 우리 사업을 차별화했다.

이번에는 첫 번째 사업할 때는 접해보지 못했던 공공시장(관공서 등)에도 진출했다. 살면서 만날 수 있는 공무원들을 이 시기에 다 만났던 것 같다. 수십억 원 규모의 투자도 유치하고 직원들도 수십 명 넘게 채용하며 사업을 확장했다. 6~7년가량 사업을 하며 많은 것을 배우고 겪고 후회했던 시간이었다. 닥치면 다 해야 했던 초기 창업가에서 내가 좋아하고 잘하는 일을 알게 된 시기이기도 했다.

매일 성장하는 CEO가 되라

10년간 두 번의 창업과 합병 그리고 지분 매각이라는 엑시트를 경험했다. 수십억 원 규모의 투자도 총 일곱 번 유치했으며 사람은 거의 3,000명 넘게 만난 것 같다.

그 시간들을 돌아보며 내가 어느 부분에 강점이 있는지 생각했다. 아마도 '생존 스킬'인 것 같다. 창업 초기 3년 정도까지는 생존하는 일이 결코 쉽지 않기 때문이다. 하지만 창업가는 이런 스킬뿐만 아니라 회사를 운영하고, 살림을 꾸려가며, 사람을 잘 다뤄야 한다. 특히 어느 정도 사회생활을 하다가 창업을 한다면 더 혼란스러울 수 있다. 대표와 직원은 할 일과 생각과 입장이 다르기 때문이다.

나의 모든 것을 걸고 창업했는데 생각지 못했던 문제가 계속 나온다면? 직원을 뽑았는데 기대했던 성과의 반도 나오지 않는다면? 직원에게 동기부여가 전혀 되고 있지 않다면? 세금 내라는 연락이 왔는데 하나도 모르겠다면? 모든 게 질문의 연속이었다.

일과 조직 운영에서는 치열했고 사람에게는 진정성 있게 대하고자 했다. 한마디로 '아등바등'했던 나날들이었다. 이슈는 늘 생기기 마련이다. 중심을 잡고 잘 버티기 위해서는 많은 노력이 필요하다. 항상 고민하고 진정성 있게 이끌어간다면 매출 등의 결과는 자연스럽게 따라오게 된다. 또한 내 회사가 점점 성장하는 것과 더불어 나 자신도 하루하루 성장해서 이전과는 다른 사람이 되어 있을 것이다. 일, 사람과 부딪히며 점점 모양이 잘 다듬어진 대표로 거듭날 것이다. 내가 그랬던 것처럼 말이다.

02

대표의 주말
그리고 언어

초기 창업기업 CEO는 얼마나 일할까?

창업 후 직원이 한 명, 두 명에서 수십 명으로 늘어났고 정말 다양한 사람들을 만났다. 관심사도 다양하고 라이프스타일도 각양각색인 사람들을 접하면서, 개발자 출신에 기계와 대화하는 것이 더 익숙한 내게 '공감을 이끌어내는 대화'는 쉽지 않았다.

보통 식사 자리나 티타임 때면 어색함을 깨기 위해 내가 먼저 질문하곤 한다. 그런데 직원들 역시 내게 공통적으로 많이 묻는 질문이 있다.

"대표님은 주말에 뭐 하세요?"

이 질문을 받을 때마다 참 난감하다. 창업 초기에는 매일 밤새우고 잠잘 시간을 아껴가며 일했다. 한번은 보다 못한 어머니가 "좋은 대기업들 다 때려치우고 이렇게 잠도 못 자면서 어떻게 일하니?"라고 하셨는데, 나는 1초의 망설임도 없이 "잠은 죽어서 자면 됩니다"라고 말했다. 실언이었지만, 그만큼 초기에는 바쁘고 치열했다. 그렇다 보니 주말에 무엇을 하냐고 물으면 당연히 "일합니다"밖에 할 말이 없었다.

또 언제 퇴근하느냐는 지인들의 질문에는 "나는 24시간 일해. 꿈에서도 일하거든. 가끔 꿈에서 해결책이 나오기도 해"라고 말했다. 직장 다닐 때는 바쁘지 않았지만 대학원에서는 밤잠 줄여가며 기업 프로젝트를 했던 적도 있어서 야근이나 과로는 사실 어느 정도 익숙했다. 하지만 창업 후 바쁜 것은 물리적인 괴로움보단 정신적인 압박이 크다. 여러 사람들의 기대, 정답이 무엇인지 모르니 계속 달려야만 할 것 같은 기분, 이런 것들이 나를 쉬지 못하게 했다.

또한 제품과 관련해서는 내가 개발자 출신이고 서비스 출시 전이라 해도 개발은 밤에나 할 수 있었다. 낮에는 각종 제휴와 영업, 마케팅과 관련된 일들, 심지어 영수증 붙이는 일까지 생각보다 정말 다양하고 많은 일을 해야 했다. 당연히 주말도 없이 일해야 겨우 해낼 수 있었다.

초기 창업기업이나 50명 이하의 작은 조직에서는 대표의 성격과 일하는 방식이 조직문화의 상당 부분을 좌우한다. 조직을 어떤 방향으로 이끌어가는 게 좋을까. 이에 대한 생각이 '주말에도 일한다'에 진짜 답을 할 것인지, 조금은 거짓이 가미된 답을 할지를 결정한다. 즉, 우리 회사가 '워라밸'을 우선하는지, '주말 불사, 성과 우선!'이라는 기조를 갖고 있는지에 따라 달라진다. 어떤 것을 선택하든지 대표의 말에 따라 직원의 생각, 나아가 조직문화가 바뀔 수 있다.

다시 돌아가, "주말에도 일합니다"라는 나의 대답은 직원들에게 어떻게 비쳤을까? 직원들은 아마도 나를 일밖에 모르는 일벌레, 취미도 없는 사람, 빈틈없는 사람, 대화하기 싫어서 단답형으로 말을 싹둑 자르는 사람, 농담도 안 하는 사람, 일적인 대화만 원하는 사람, 조금만 일을 덜해도 무섭게 다그칠 것 같은 사람, 휴일을 싫어하는 사람, 성과만 바라보는 사람, 놀 줄 모르는 사람 등으로 생각했을 것이다. 직원을 이해 못 하는 대표라고 여겼을 수도 있다.

물론 100퍼센트 직원을 이해하는 대표나 대표를 이해하는 직원은 존재하지 않는다. 하지만 이해하려고 노력하는 모습을 상대방에게 보일 때 '가족 같은 분위기'는 아니어도 '의리' 정도는 생길 수 있다. 그러니 설령 주말에 일하고 있다 하더라도 "난 주말에도 일합니다"라고 말하지는 말자. 나도 그때로 다시 돌아간다면 절대 그렇게는 이야기하지 않을 것이다.

안 돼도 잘 되는 '척', 일해도 노는 '척'

사업을 30년 가까이 해온 어떤 대표님과 식사를 한 적이 있다. 그분을 볼 때면 '대체 어떤 생각을 하고 계실까?' 하는 궁금증이 자주 일었다. 좋은 일에도 그리 크게 좋아하지 않고, 나쁜 일에도 많은 충격을 받지 않는 듯했기 때문이다. 그분은 내게 "대표이사는 내일 당장 회사가 망할 것 같더라도 조직 내부에서는 사업이 아주 잘되는 '척'을 해야 한다"라고 했다.

나도 사업을 하다 보니 그 말을 이해하게 되었다. 직원들은 대표의 한숨에도 영향을 받고 표정 하나에도 영향을 받는다. 원래 창업자는 안 되는 이유 99가지보다는 가능성 하나를 보고 가는 사람 아닌가. 따라서 조직 내부에서 대표자는 '나를 따르라' 같은 엄청난 카리스마까지는 아니더라도 사람들을 안심시킬 수 있는 페이스메이커가 되어야 한다.

그러니 이제는 "주말에는 뭐 하세요?"라는 질문에 미리 답변을 준비하자. 약간의 거짓말도 좋다. 다양한 경험과 공감을 이끌 수 있는 화제를 준비해서 분위기를 말랑말랑하게 만들어보자. 좋은 분위기가 형성되어 신뢰와 의리까지 생긴다면 더더욱 좋을 것이다.

하나 더 보태자면 "주말에는 뭐 하세요?"라고 질문하는 직원은 기본적으로 '된' 사람들이다. 보통의 직원은 대표의 질문에만 답변하고 자신이 먼저 화제를 꺼내지 않는다. 그래서 대표들은 식사 미팅에서 제대로 식사를 하지 못한다. 대표와 직원의 식사 자리가 직원에게 얼마나 어려운 자리인지 알고 있기에 분위기를 풀기 위해 이런저런 질문을 던지기 때문이다. 대표도 쉽지 않은 자리에서 평범한 질문이라도 먼저 해주는 직원은 관계를 중요시하고 노력할 줄 아는 사람이다. 그 사람에게 고마워하도록 하자.

03

초기 자본금,
플랜 B를 세워라

"사업하면서 가족한테 빚지지 마라"

당신은 창업하고 나서 가까운 가족 또는 친한 친구에게 무슨 말을 듣고 싶은가? 혹은 주변에 가족 또는 친구가 창업을 했다면 무슨 말을 해주겠는가?

　대개는 '부럽다' 혹은 '대단하다'고 말해주면서 응원하는 부류와 진심 어린 걱정 또는 조언을 해주는 부류로 나뉜다. 특히 걱정이나 조언은 한번 하기 시작하면 끝이 없는데, 자신의 경험담부터 시작해서 지인의 지인이 했던 경험까지 끌고 와 각종 정보와 조심할 것을 이야기해준다. 초반에는 정말 도움이 되는 정보도 있고 말해주는 사람의 진심을 알기에 경청한다. 하지만 대개 돈과 사람에 관한 이야기는 비슷비슷하기 마련이다. 그래서 조언을 듣는 일도 슬슬 지겨워진다.

나 같은 경우는 예고 없이 창업을 시작했기에 주변에서 상당히 놀랐다. 많은 준비 없이 시작했고 그래서 가족과 지인들의 도움을 많이 받았다. 창업 초기에는 시간, 돈, 사람 모든 것이 부족하기에 이런 작은 손길도 크게 다가온다. 그러던 어느 날 집안 어른 중 한 분이 해줄 말이 있다고 해서 찾아뵈었다. 아마도 그동안 자주 들은 질문들, 즉 창업은 잘 돼가는지, 밥은 잘 먹고 다니는지, 돈은 어떻게 버는지 등을 물으리라 예상했다. 하지만 그분이 해준 한마디는 단호하고도 차가웠다.

"사업하면서 가족한테 빚질 생각하지 마라."

창업 전, 3년 남짓 회사 생활을 하면서 모은 얼마 안 되는 돈을 모두 초기 자본금에 썼다. 그것도 부족한 듯해서 적금과 필요 없는 보험 등을 모두 해지해 돈을 탈탈 털어 모았다. 지금 생각하면 여유 자금도 안 남기고 그렇게 싹 끌어모아 초기에 쓴 게 참 무모했다는 생각이 든다. 하지만 그 시절에는 장밋빛 미래를 상상하며 아까운 줄 모르고 신나 있었다.

다행히 주변에 손을 벌리지 않고 시작했고, 정말 소중한 두 건의 엔젤 투자 유치가 있었다. 성공한 선배 기업가에게 우리 사업을 설명할 기회가 있었는데 이것이 엔젤 투자로까지 이어졌던 것이다. 그 외에도 1~2억 원 규모의 계약 건 덕분에 회사는 여유롭지는 않지만 무사히 운영되고 있었다. 아등바등 버티고 있다고 할 수 있는 시기였다.

그렇게 맨땅에서 시작해 기를 쓰고 사업을 해나가고 있었는데, 가족한테 빚지지 말라는 말은 송곳 같은 아픔을 주었다. 내가 가족에게 손 벌릴 사람처럼 보였던 걸까. 이미 많은 경험을 해본 연장자로서 뭔가 도움 되는 말을 해주려고 했던 마음은 알기에 이해도 되었다. 하지만 앞이 안 보이는 어둠 속으로 한 발짝 내디 뎠던 그때의 나로서는 서운할 수밖에 없었다. 결국 그 자리에서 걱정 마시라고, 문제없을 거라고 잘라 말했다.

원활한 현금흐름을 만드는 세 가지 방법

그 후 가족에게 회사 일로 손 벌린 적은 한 번도 없다. 현금흐름이 너무 꼬였을 때 친구에게 한두 차례 소액을 빌린 후 한 달 내 상환한 적은 있다. 그때도 차용증을 쓰고 이자를 충분히 지불해서 내 신용에 문제가 없게 했다. 물론 은행에서 개인적으로 대출을 받아 융통한 적은 많다. 하지만 제1 금융권 위주로 차입했고 대출이자도 밀리지 않도록 신경을 썼다. 주식이나 부동산 투자를 하는 사람들은 잘 알겠지만 제1 금융권에서 대출을 받아 잘 갚아나가면 오히려 신용등급이 올라간다.

사업을 하다 보면 항상 현금흐름이 문제다. 나갈 돈은 항상 고정되어 있고 미루는 것이 불가능하다. 하지만 들어올 돈은 항상 제때 안 들어오고 현금흐름에 문제를 가져온다. 농담처럼 하는 말 중에 중소기업은 '중간에 소멸해서 중소기업'이라는 게 있는데 백번 공감 가는 말이다. 그만큼 초기 창업기업이나 작은 회사는 현금흐름이 최대 약점이다. 당장 자금 회전에 문제가 없더라도 현금흐름이 좋지 않으면 대표의 마음은 불안해진다. 마음이 불안해지면 공격적으로 확장하고 시도해야 하는 초기 창업기업의 성장 속도는 눈에 띄게 느려진다.

그렇다면 창업기업을 운영하면서 가족과 지인에게 손 벌리지 않으려면 어떻게 해야 할까? 실제로 약 10년간 손 벌리지 않고 운영해왔던 내 경험으로 보면 세 가지 방법이 있다.

첫째, 6개월의 운영비용을 미리 확보하는 것이다. 여기서 6개월은 우리 회사를 기준으로 한 숫자다. 우리 회사가 속했던 B2B 대상 IT 솔루션 업계에서는 프로젝트 기간이 길어봤자 6개월이고 대금 지급도 그 안에 보통 완료되기 때문이다. 아예 초기 자본금부터 이런 방식으로 산정해서 준비하는 것을 추천한다. 물론 6개월치 운영비용보다 더 많은 현금을 보유하고 있다면 좋겠지만, 창업기업은 때론 의도적인 적자까지 고려하면서 공격적으로 확장해야 한다.

둘째, 정책금융이다. 정부의 각 부처에서 중소기업을 위해 낮은 이율과 좋은 조건으로 대출을 해주는 제도가 있다. 특히 요즘 같이 창업기업을 정책적으로 키우려고 하는 시대에는 대출 규모가 상당하다. 어떤 금융은 창업자의 연대보증도 없이 오로지 법인의 능력만 보고 대출을 제공하기도 한다.

얼마 전에는 '성공불융자'라는 상품을 봤다. 열심히 사업을 운영했고 윤리적으로 문제가 없는데 망했다면 상환 의무를 면제해주는 상품이었다. 이런 좋은 금융 상품들이 많이 존재하니 법인의 대출 능력이 된다면 어느 정도 금액은 당장 필요하지 않더라도 대출을 받아서 MMF(머니마켓펀드) 계좌 같은 곳에 넣어두면 좋다. 다만 이 금액은 없다고 생각하고 정말 비상시에만 사용해야 한다.

마지막으로, 마이너스 통장 개설을 추천한다. 마이너스 통장은 사용한 만큼만 이자가 나가므로 평소에 사용하지 않으면 이자가 전혀 나가지 않는다. 가족과 지인에게 손을 벌려야 할 정도로 급한 상황이 왔을 때 마이너스 통장이 있다면 일단 안심이 된다.

다만 창업을 하고 나서 회사 대표가 되면 한도가 아주 적게 나온다. 그만큼 리스크가 큰 직업이다. 그러니 아직 직장에 다니고 있을 때 최대한도로 마이너스 통장을 개설하면 한도 면에서 매우 유리하다. 이렇게 재무적인 플랜 B를 갖고 있어야 사업을 공격적으로 진행하는 데 있어 훨씬 안심도 되고 정신적인 압박도 덜 받는다.

04

주변 반응에
영리하게 대처하는 법

"먹고살고 있습니다!"

창업을 준비하는 시기에는 가족과 친구들의 많은 우려와 걱정을 산다. '안정적인 직장이 있는데 왜 사서 고생하느냐, 여태까지 쌓아둔 커리어가 망가진다, 조금 더 경력을 쌓고 나가라, 사업을 하기에는 나이가 너무 어리지 않으냐, 준비는 제대로 된 것이냐' 등 온갖 이야기를 듣는다. 만일 구직 중에 방향을 바꿔 창업을 한다면 '취업도 못 하는데 창업은 되겠느냐' 등 걱정을 한 몸에 받는다. 하지만 너무 기분 나빠하거나 우울해하지 않아도 된다. 평형 상태에 있는 그들의 세계를 당신의 창업 준비가 흔들기 때문에 나오는 자연스러운 반응이다.

정작 창업을 하고 난 후에는 이런 우려를 직접적으로 드러내거나 예의 없게 말하는 사람들은 그리 많지 않다. 이미 엎질러진 물인데 부정적인 이야기를 해봐야 소용없기 때문이다. 이때부터는 오히려 더 다양한 이야기를 듣는다. 그중에서 가장 많이 듣는 말은 바로 "대단하다. 부러워"다. 비슷하게는 "신기하다. 난 너처럼 못 할 것 같아", "난 언제까지 회사 다니냐" 등이 있다. 작은 사업을 하더라도 회사를 다닐 때에 비하면 모든 것이 주체적이고 주도적인 경험이다. 그렇기에 자신이 이룬 성과들이 많아지고 이를 본 사람들은 같이 좋아해주고 기분 좋은 말을 들려준다.

그런 말들은 실제로 큰 용기와 격려가 되고 또다시 달릴 수 있는 에너지가 된다. 회사의 대표라는 위치에 있다 보면 자신이 잘하고 있는 것인지 확인받을 길이 별로 없다. 회사의 성적표라고 할 수 있는 재무제표가 존재하지만 과연 이 정도의 매출이, 순이익이, 다른 재무지표들이 보여주는 수치가 과연 잘하고 있는 것인지 항상 헷갈린다.

성공한 창업기업은 보통 J 커브ʲ ᶜᵘʳᵛᵉ 형태의 성장 곡선을 보인다. 초기에 하향을 그리는 데스밸리Death Valley(스타트업이 자금유치 실패 등으로 사업화에 실패하는 시기)만 넘으면 될 것 같은데 너무 깊은 건 아닌지, 좀 더 깊게 갔다가 상승해도 되는지 등 불확실성이 가득하다. 이럴 때 가족과 주변 지인의 대단하다는 말 한마디는 조금이나마 안심하게 해주는 효과가 있다.

때로는 적극적으로 내가 이룬 성과를 소중한 사람들에게 알리는 것도 필요하다. 너무 심하면 자랑꾼이 되겠지만 이런 이야기가 그들에게도 안도감을 주기 때문이다. 사실 대단하다는 반응 다음으로 지인들이 많이 하는 말이 바로 "사업은 잘 돼가니?"다. 이 말은 건강을 물어보는 질문과 크게 다르지 않다.

주변 지인들에게 요즘 건강이 어떤지 물어보면 1년 동안에도 그 답은 매번 다를 것이다. 좋을 때도 있고 나쁠 때도 있으며, 지금은 좋지만 앞으로가 걱정될 때도 있다. 사업도 마찬가지다. 그런데 그렇다고 해서 너무 솔직하게 말하면 안 된다. 걱정하는 사람도 있지만 그럴 줄 알았다며 자기가 옳다고 확신하는 예의 없는 사람도 있다.

그렇다면 어떻게 대답해야 할까? 사실 정답은 없지만 내 경우 "먹고살고 있습니다!"라고 대답했다. 맨땅에서 시작해 직원들 월급 주고 내가 먹고살 만큼 번다는 게 얼마나 대단한가. 그리고 너무 자아도취에 빠지지 않는 겸손한 표현이기도 하다.

멘토의 조언, 어디까지 들어야 할까?

가끔 창업 초기 시절을 되돌아보면 그런 생각이 든다. 당시 수많은 조언들은 아마도 나를 향한 관심과 애정에서 비롯됐겠지만,

때론 시간 낭비였고 때론 스트레스를 더 받게 했다. 만일 주변에 창업을 한 사람이 있다면 차라리 따뜻한 밥 한 끼 사주면서 다 잘될 테니 자기 자신을 믿으라고 말해주면 어떨까. 초기 창업가에게 필요한 조언은 그런 것이다.

좋은 조언은 당신과 회사의 성장 스프링보드 같은 역할을 한다. 하지만 너무 많은 조언에 귀 기울이는 것은 오히려 에너지 낭비일 뿐 아니라 더 헷갈리게 만들기도 한다.

요즘은 '멘토'와 '멘토링'이라는 단어가 너무 흔하다. 위키피디아에서 멘토라는 단어를 찾아보면 옛날 트로이 전쟁 당시 그리스 연합국에 소속된 이타카의 왕 오디세우스가 전쟁에 나가면서 어린 아들을 친구 멘토르Mentor에게 맡겼는데, 그가 왕의 아들을 친아들처럼 정성을 다해 훈육했다는 데에서 멘토라는 말이 유래됐다고 한다. 여기서 주목할 점은 '친아들'처럼 키웠다는 것이다. 옥스퍼드 사전을 찾아보면 멘토는 경험 없는 사람에게 오랜 기간에 걸쳐 조언과 도움을 베푸는 유경험자라고 정의되어 있다. 여기서는 '오랜 기간'에 주목하자.

요즘 멘토링을 진행하는 멘토 중 과연 몇이나 멘티를 친아들처럼 대하면서 오랜 기간에 걸쳐 조언과 도움을 줄 수 있을까. 나도 7년 차 정도 됐을 때 예비 또는 초기 창업자들에게 멘토링을 해달라는 요청을 많이 받았다. 하지만 거의 모든 요청을 거절했고 정말 제대로 도움을 줄 수 있는 한두 번의 경우만 멘토링을 진행했다.

그 누구도 창업자만큼, 그 회사의 대표이사만큼 그 아이템과 시장에 관해 잘 알지 못한다. 만일 대표가 시장을 잘 모른다면 분명 빠르게 망할 것이다. 멘토의 주된 역할은 그저 듣기 좋은 말을 해주는 것이 아니다. 멘티의 상황과 의견을 충분히 듣고, 문제점과 필요한 점을 파악하고 분석해서 값진 조언을 해줘야 한다.

하지만 대부분의 멘토들은 멘티의 상황을 제대로 듣지도 않고 필요 없는 조언을 남발한다. 아무리 화려한 경력을 자랑하는 멘토라도 그가 활동했던 10년 전 상황과 지금의 상황은 너무나 다르다. 더구나 기술 분야는 2~3년 지난 책만 봐도 아예 쓸모가 없는 경우가 흔한데, 사업은 그보다 더 빠르게 변한다.

물론 사업에서도 변하지 않는 진리는 있다. 사람과 자금에 관한 것은 멘토에게 도움을 받을 수 있다. 하지만 요즘은 좋은 온라인 콘텐츠가 많다. 따라서 필요할 때마다 찾아서 보고 배우면 된다. 그렇게 본인이 필요해서 직접 찾아 배우는 지식이 더 오래 남고 도움이 된다.

그래도 불안하다면 차라리 자신보다 2~3년 먼저 시작한 선배 창업가에게 도움받는 것을 추천한다. 나 역시 그런 선배에게 정말 꿀팁이라고 할 수 있는 실질적인 도움, 예를 들면 인건비 줄이는 법이나 대기업 특정 부서에 제안을 하기 위한 담당자를 소개받았다.

지인은 지인으로 남는 게 좋다

사업하는 대표들을 보면 나이와 상관없이 대체로 좋은 차를 타고 다닌다. 나 역시 사업을 하다 보니 차라는 것이 일종의 명함과도 같은 역할을 한다는 걸 느꼈다. 사업 근황을 물어보는 지인들에게 "잘 먹고 잘삽니다"라는 말을 대신 해주는 것이다. 이렇게 잘되는 모습을 보여주면 지인들이 그다음에 하는 말은 "나 좀 데려가!"다.

가끔 이전 직장의 동기나 동료들을 만나면 직원일 때의 나의 모습과 대표인 나의 모습을 비교하면서 자기도 데려가 달라는 말을 농담조로 던진다. 물론 그가 좋은 인재라면 서로에게 기회일 수도 있다. 하지만 그 사람의 기억 속에 나는 동료이지 리더가 아니다. 신중하게 생각하지 않고 무작정 합류시키면 그는 전과 다른 나의 모습에 실망할 것이다.

애슈턴 커처가 연기한 2013년 영화 〈잡스〉에서 스티브 잡스는 사업 성공 후에 괴팍하고 못된 리더로 바뀐다. 특히 시작부터 함께했던 워즈니악은 회사를 떠나기 전 잡스에게 많이 변했다며 실망했다고 말한다. 그 장면을 보고 나도 모르게 "그럼 어떻게 해? 다 같이 죽자고? 풋내기 시절 그대로면 살아남을 수가 없는데"라고 중얼거린 기억이 난다. 물론 무조건 괴팍하고 못된 성격의 리더가 생존한다는 말이 아니다.

창업 이전의 나와 이후의 나는 지인들이 보기에 많이 다를 것이다. 변하는 건 당연하며 그것이 성장이기도 하다. 그리고 나중에 다시 이야기하겠지만, 직원은 결국 퇴사에 수렴한다. 즉, 시간이 흐르면 어떤 이유로든 직원은 퇴사하기 마련이다. 소중한 지인을 잃고 싶지 않다면 농담은 농담으로 받아들이고 넘기자.

누군가 사업 피드백을 요구한다면

또 하나, 지인들이 많이 하는 말은 자신이 구상하는 사업 아이템에 관한 것이다. 이 아이템은 어떤지, 잘될 것 같은지, 어떻게 생각하는지 물어본다. 하지만 똑같은 아이템이라도 창업자의 실행력과 방법, 타이밍에 따라 결과는 엄청난 차이를 보이기 마련이다. 물론 그들도 혼자 생각한 아이템에 대해 피드백이 궁금했을 것이다.

특히 이미 사업을 하고 있는 사람의 눈에는 어떻게 보일지 알고 싶은 게 당연하다. 그래서 나는 그럴 때는 유사한 국내외 사업을 하나 찾아 보내주면서 이 사업과 본인이 생각하는 사업의 차별점을 고민해보라고 피드백을 준다. 생각보다 세상에 없던 아이템은 존재하지 않는다. 이미 누군가는 시도했거나 하고 있다. 아무도 시도하지 않은 사업은 안 되는 사업일 확률이 높다.

그리고 해당 사업에 대한 분석과 전망, 의견 등 진짜 제대로 된 사업 피드백을 원하는 지인이라면 내게 먼저 다음과 같은 질문에 대한 답을 달라고 한다. 이렇게 하면 50퍼센트 이상은 답변을 준비하다가 포기한다.

- 창업 아이템에 대한 설명(2~3줄 이내)
- 초기, 안정화 이후의 수익 모델
- 해당 아이템의 시장 크기
- 창업 예정 일자
- 투자할 수 있는 자본금
- 본인 전문 역량(개발, 디자인, 영업, 제휴, 사업 기획, 팀 빌딩, 마케팅, 홍보, 재무 등)
- 생각하고 있는 아이템은 어떤 혁신인가?
  - 과정의 혁신(단계의 축소)
  - 가격의 혁신(기존 제품에 비해 상당한 가격 이점 제공)
  - 제품의 혁신(엄청난 퀄리티나 기술/제품)
- 초기에 가장 필요한 팀원들 유형(업무 관점)
- 위 사람들을 고용할 것인가? 아니면 파트너 관계로 지분을 공유할 것인가?
- 지분을 공유한다면 얼마나 생각하고 있는가?
- 현재까지 준비 단계는 어느 정도 진행되었는가?
- 생각하고 있는 창업 아이템과 유사한 모델이 해외에서 성공한 사례가 있는가?

질문에 답을 성실히 한다면, 이후부터 멘토-멘티의 관계로 발전할 수도 있다.

응원해주는 사람의 소중함을 기억하라

일반적으로 대표는 직원과 비교도 안 되는 높은 보상을 받는다(혹은 덜 받을 수도 있고 자금 흐름에 문제가 생길 수도 있다). 설령 작게 성공한 기업일지라도 말이다. 그렇기에 항상 외로울 수밖에 없는 자리인데, 가족과 지인은 이런 나의 정신적 서포터다. 따라서 가족과 친한 지인의 역할은 너무나도 중요하다.

창업 후 꽤 어려운 시기를 버텨내고 회사가 다시 성장세로 전환되는 시점 즈음이었다. 정말이지 현금흐름이 꼬일 대로 꼬여서 사업을 시작하고 처음으로 직원들의 월급이 밀릴 상황이었다. 갖고 있는 카드를 탈탈 털어 몇백만 원의 현금서비스를 받아 급여를 밀리지 않고 지급했다. 다음 달을 어떻게 버틸지도 고민됐지만 행여 누가 알까 봐 가슴 졸이며 처리했던 기억이 난다.

그 시기를 버티고 난 후 10억 원이 넘는 계약 건을 따내게 되었다. 그리고 다른 계약 건들도 기다리고 있는, 정말 안도할 수 있는 단계가 되었을 때 나는 행복하면서도 지친 마음으로 큰 계약을 따냈다는 말을 어머니와 친한 지인에게 전했다. 모두 "대단하다! 네가 자랑스러워! 부럽다!"라고 말했고 나는 뿌듯한 마음으로 퇴근을 준비했다. 그때 큰이모에게서 메시지가 하나 왔다.

'소식 들었어. 정말 고생했겠네.'

순간 눈물이 핑 돌았다. 다들 나의 성공을 축하해주었지만 내가 얼마나 고생했을지는 상상도 못 했을 것이다. 매번 가슴을 졸이며 꾹 참아가며 했던 일들, 겉으로는 평온하고 우아해 보이지만 물밑에서는 빠지지 않기 위해 쉴 새 없이 다리를 움직이는 백조와 같았던 시절이 떠올랐다. 그 짧은 메시지가 큰 위로가 되었던 기억이 난다.

대학원을 졸업하고 대기업에 취직한 날 아버지는 "축하한다. 그런데 인생을 너무 빨리 달리지 않아도 돼. 조금 천천히 가도 된다"라고 하셨다. 빠른 생일에다 정말 쉬지 않고 공부해서 만 25세에 석사 졸업까지 확정지었고, 군대에서도 말년 휴가 나와서는 옷을 갈아입고 개강한 수업을 들으러 갔다. 그러나 지나고 보니 인생도 사업도 아버지의 말처럼 빨리 달린다고 해서 되는 것이 아니었다.

사업은 빠른 것보다 꾸준한 성과가 중요하다. 사람들의 대단하다는 말에 취해 자신의 페이스를 망치면 안 된다. 물론 사업을 하다 보면 대단한 성과를 달성할 때도 있지만 또다시 어려운 시기도 오기 마련이다. 그러니 일희일비하지 말고 주변에서 나를 믿고 응원해주는 이들을 소중히 여기자.

기업 성장을 위한
투자 유치

미래를 위한 일이 현재를 방해해선 안 된다

보통은 창업하고 반년 정도 안에 첫 제품을 출시한다. 창업자의
아이디어가 프로토타입 형태로 처음 세상에 나오는 것이다. 대표
와 공동창업자는 월급은커녕 사비를 털어가면서 어떻게든 초반
자본금으로 생존하기 위해 아등바등하는 시기다. 제품 출시를 위
해 직원 급여가 나가야 하는데 아직은 수입원이 없기 때문이다.
바이오 분야처럼 초기에 엄청난 투자가 필요한 사업이 아닌 경우
이렇게 버티면서 빠른 시간 안에 첫 제품을 만든다.

　다행히 우리는 개발하고 있는 제품을 B2B로 공급하는 선계약
을 따내 일정 매출을 초기에 확보할 수 있었다. 그래서 직원도 과

감하게 채용했지만 고정비가 급격하게 늘어난 상황에 초보 대표인 나는 당황할 수밖에 없었다.

급여일은 왜 이리 빨리 다가올까. 우리나라에 이렇게 휴일이 많았었나? 직장 생활에서는 느끼지 못했던 긴장감이 심장을 쫄깃쫄깃하게 만들었다. 이렇게 창업 극초기가 지나고 제품을 세상에 보이고 나면 이제 제대로 된 회사를 만들어야 하는 시점이 온다. 창업 멤버 이외의 직원을 채용해서 제대로 된 조직을 만드는 시간이다.

첫 제품으로는 안정적인 매출 확보가 어렵다. 게다가 프로토타입 형태이기에 더 많은 연구개발 비용이 필요하다. 그래서 대표는 매출 이외에도 창업 대회 상금, 정부 지원 사업, 기술/신용 보증기금을 통한 융자 등 모든 자금을 확보하러 뛰어나간다. 하지만 이런 자금은 잠시 수혈만 해줄 뿐 근본적인 문제를 해결할 수는 없다. 큰 규모의 자금을 유치해 연구개발에 투자하고 뛰어난 제품을 출시해서 안정적인 매출을 만들어 사업을 운영해야 한다. 즉, 외부 투자가 필요하다.

앞서 언급했지만 나는 엔젤 투자를 포함해 총 일곱 건의 투자를 유치했다. 일곱 건의 투자계약서에 사인하기 위해 만났던 모든 VC는 10배수 이상 되는 것 같다. 정말 많은 시간과 에너지가 들어가는 일이다.

설득과 거절이 계속되는 과정이기에 감정적으로도 꽤 힘들다.

창업하기 전까지 이렇게 단기간 누군가에게 수없이 많은 거절을 받은 경험이 없기에 심적으로 많이 흔들린다. VC의 "대표님, 함께 하지 못해 아쉽고 죄송합니다"라는 말을 지겹도록 듣게 된다.

투자 유치, 어떻게 해야 할까

본격적인 회사의 모습을 갖춰가는 시기에 대표가 반드시 해야 할 일을 두 가지만 뽑는다면 바로 자금 확보와 사람 관리라 할 수 있다. 대표는 수많은 거절을 받더라도 결국에는 투자를 유치해야만 한다. 물론 투자를 안 받고 사업을 키울 수도 있다. 하지만 제품 기반의 회사는 제품 안정화 전까지 반드시 개발과 운영 자금이 필요하다.

투자 외에도 융자(대출) 제도를 잘 활용하면 낮은 이자에 좋은 조건으로 시간도 아끼면서 자금을 확보할 수 있다. 그런데 사업을 하다 보면 언제 현금흐름의 문제가 생길지 모르니 융자는 최후의 보루로 아껴두면 좋겠다.

투자 유치는 단순히 자금 확보의 목적만 있는 게 아니다. 투자하는 VC의 인적, 물적 인프라를 통해서 성장에 도움을 받을 수도 있다. 투자자는 재무적 투자자Financial Investor, FI와 전략적 투자자Strategic Investor, SI가 존재한다. FI는 얻을 수 있는 이점이 대부분 자금적인 측면에 해당된다. SI는 자금적인 도움도 받지만 그들과 일종의 개방형 혁신Open Innovation 형태로 협업도 가능하다. 예를 들어 우리가 모바일 디바이스의 혁신적인 기술을 개발하는 회사인데 삼성전자로부터 투자를 유치하는 형태가 SI라고 할 수 있다. 이 형태의 VC를 CVCCorporate Venture Capital라고도 한다.

투자를 유치하기로 결정하면 VC와의 IR(투자자들을 대상으로 한 기업 설명) 미팅이 필요하다. 이를 위해 VC들에게 우리를 소개해야 하는데 처음에는 막막하다. 내 경우 처음에는 콜드 메일cold-email 을 시도해봤다. 마침 투자를 유치하기로 결정한 시기에 미국 실리콘밸리에 출장 갈 일이 생겼다. 실리콘밸리에는 VC가 엄청나게 많다는 사실이 떠올라 수십 개의 홈페이지에 들어가서 아무 일면식도 없는 그들에게 우리 회사 IR을 봐달라고 미팅을 요청했다. 하지만 답신은 10퍼센트도 안 왔으며 실제 미팅까지 이어진 경우는 한 건도 없었다.

이후 한국에 돌아와서 친한 대표, 사외이사, 가족과 지인 등 모든 인맥을 활용해서 알고 있는 VC가 있는지, 소개가 가능한지를 한참 묻고 다녔다. 그렇게 한 건씩, 한 건씩 미팅이 잡히기 시작했다. 우리는 어떤 회사이고 앞으로의 계획은 어떻고 지금까지는 어떤 성과를 이뤘고 그래서 우리가 필요한 자금은 얼마라는 조건까지 정리한 IR 문서를 만들어 그들에게 보여주었다. 그러나 미팅이 끝나면 또다시 익숙한 내용의 메일이 쌓여갔다.

'함께하지 못해 아쉽고 죄송합니다. 도움이 필요한 부분 있으시면 언제든 말씀 주세요.'

여러 번의 투자 유치를 성공시킨 경험으로 볼 때 VC에게 투자를 받는 것은 '결혼'과 같다. 서로 다른 장단점이 있는 두 사람이 결혼해서 시너지를 낼 수도 있지만 최악의 상황으로 갈 수도 있다. 즉, 투자를 받는 것은 자금 투입만이 아니라 문화의 결합이다. 서로 다른 두 조직의 문화가 결합되는 것이다.

결혼하고 나서 본가에 가면 집안 어른들이 피곤할 테니 일찍 집에 돌아가라고 한다. 그런데 처가에 가면 역시 피곤할 테니 자고 가라고 한다. 양쪽 다 배려하는 마음은 동일하지만 사고방식이 다르다. 투자도 마찬가지다. 우리 조직을 위해 투자자가 하는 행동이나 의견은 우리 생각과 다를 수 있다. 물론 결혼과 달리 주도권은 창업자에게 있지만 투자자의 의견도 무시할 수 없다.

IR을 하러 다닌다고 사업을 멈출 수는 없었다. 잠을 줄여가면서 사업을 하고 그렇게 확보된 시간으로 투자자를 만나러 다녔다. 수단과 방법을 가리지 않고 자금을 수혈하면서 제품을 개선하고 성과를 만들어갔다. 투자 미팅을 하는 동안에도 회사는 계속 성장해야만 했다. 그 성과를 다시 IR 문서에 업데이트하고 첫 미팅 후 특별한 결정이 없던 VC들에게 업데이트 소식을 알렸다. 그렇게 투자 유치를 하는 시간이 사업을 하면서 가장 문서를 많이 만들었던 시간이었다.

한번은 우리 사업에 관심이 많은 VC가 먼저 연락해서 미팅을 갖고 사업 소개를 했다. 그는 상당히 긍정적이었고 투자 심사를 위해 필요한 추가 서류를 요청했다. 우리가 목표로 하는 시장에 대한 자료나 경쟁자에 관한 자료 혹은 우리가 주장하는 성장 곡선에 대한 근거 자료들이었다. 우리는 그의 요청을 가장 큰 우선순위로 삼고 자료를 보완하여 보내고 연락을 기다렸다.

그렇게 주고받으면서 두어 달이 지났다. 본격적인 투자 심사를 위해 내부 심사역이 다 모인 자리에서 IR을 하자는 연락이 드디어 왔다. IR을 하고 나서 기업가치와 투자 금액에 관해서도 의견을 나누며 또 시간이 지났다. 이런저런 이유로 그 이후에도 몇 번의 미팅을 더 하게 되었다. 하지만 결국 VC 내부의 사정으로 투자는 진행되지 못했다. 거의 반년 동안 이어진 투자 유치 건이 사라진 것이다.

투자 유치 성공 건 중 절반은 두 번째 미팅에서 투자를 확정했다. 처음 만나 투자금이 들어오기까지 3개월 정도밖에 걸리지 않았다. 착한 VC보다는 아닌 경우 바로 거절해주는 명확한 VC가 우리에게 훨씬 도움이 됐다. 그리고 본인들이 투자할 수 있는 금액 범위와 사업을 명확하게 처음부터 말해줬던 VC가 커뮤니케이션에서 더 많은 시간을 아낄 수 있었다.

투자 유치는 미래를 위한 준비다. 미래를 준비하려고 현재를 소홀히 한다면 상상하던 미래가 망가진다. 자금만 확보된다고 성장하는 것은 절대 아니기 때문이다. 그러니 현실을 방해하지 않는 선에서 투자 유치를 진행해야만 한다.

VC와의 성공적 만남을 위한 세 가지 디테일

여러 번의 투자 유치를 경험해보면서 만일 다시 처음으로 돌아간다면 세 가지는 꼭 신경 써서 진행하고 싶다.

첫째, VC와의 연락 방법이다. 콜드 메일은 무조건 추천하지 않는다. VC에게 하루에 접수되는 사업계획서가 수십 개 또는 수백 개라고 알고 있다. 그러니 지인 소개를 통해 연락하거나 데모데이에 나가 인연을 맺는 것을 추천한다.

특히 데모데이는 엑셀러레이터에 참여하고 나서 마지막에 하는 행사인데, 엑셀러레이터의 파트너나 기존 실적을 보고 어떤 VC와 연결이 될 수 있는지를 가늠해도 좋다. 그리고 VC를 만나는 최고의 방법은 그들이 먼저 우리에게 연락하게 만드는 것이다. 주목할 만한 사업 성과를 만들어 온라인과 보도 자료로 홍보하다 보면 영업적인 연락 이외에 투자자에게서도 자연스럽게 연락이 온다.

둘째, VC가 운영하고 있는 펀드 정보를 보고 선별하라. CVC가 아닌 이상 VC는 자체 자금이 아니라 LP^{Limited Partner}(유한책임 출자자)의 자금(펀드)을 갖고 운영하는 회사다. 그래서 VC를 가리켜 GP General Partner(업무 집행 조합원)라고 한다. VC의 펀드 성격에 따라 아예 우리 회사가 해당 사항이 되지 않을 수 있다. 펀드의 조건에는 투자할 수 있는 사업의 종류, 지역, 매출, 업력, 대표자의 이력 등이 있다.

특히 펀드의 운영 기간도 주목해야 한다. 우리 회사에 맞는 펀드라 하더라도 운영 기간이 얼마 남지 않았다면 펀드 자금이 다 소진되었거나 더 이상 신규 투자를 하지 않을 수 있다. LP의 정보도 도움이 되는데 우리가 유치했던 투자 건 중에는 우리와 사업적으로 협업하는 대기업이 LP로서 출자한 자금을 운영하는 VC가 투자한 경우도 있었다. 대기업이 먼저 VC를 소개해줘서 일사천리로 투자 유치를 완료했다.

마지막으로, VC의 포트폴리오를 살펴봐야 한다. VC라고 모든 분야의 사업을 자세하게 알고 있는 건 아니다. 기존에 VC가 투자한 포트폴리오의 종류를 보면 우리 업에 대한 이해도가 얼마나 되는지 알 수 있다. 우리가 B2B 대상 소프트웨어 솔루션인데 유통이나 바이오 회사만 투자해왔던 VC라면 투자 유치가 상당히 어려울 수 있다. 아마도 IR을 진행하면서 우리 사업을 이해시키는 데만 상당히 많은 시간이 소요될 것이다. 심지어 IR 이후 "그래서 수익 모델이 무엇이죠?" 같은 최악의 질문을 받을 수도 있다.

사업도 여행과 비슷하다. 아이템이 동일하더라도 창업자와 환경에 따라 너무나 다른 결과를 가져온다. 투자 유치도 마찬가지여서 다른 회사에게는 좋은 VC가 우리에게는 맞지 않을 수 있다. 이는 1등을 선별하는 게임이 아니다. 분명 우리에게 맞는 VC가 있으니 절대로 조급하게 그들의 말 한마디에 전전긍긍하지 말자. 나만의 스타일로 현재에 집중하다 보면 최고의 짝을 만날 수 있다.

06

열정은 열정대로,
규칙은 규칙대로

할 일도, 고민도 많은 창업 초기

창업 초기에서 사업이 손익분기점을 넘어 안정 궤도에 오르는 시기까지 해야 할 일은 너무나 많다. 대표는 늘 그다음 단계로 넘어서기만 하면 지금보다는 훨씬 안정적일 것이라고 기대한다. 하지만 창업 초기에 첫 매출을 달성하면 첫 외부 투자를 받아야 하고, 첫 투자를 받으면 손익분기점을 넘어서야 하고, 손익분기점을 넘어서면 인력과 매출 등 조직의 규모를 키워야 한다.

조직이 성장하면 우수한 경력의 인재가 필요하며, 인재를 채용하면 직원들의 복지와 만족도를 살펴야 하고 동시에 조직과 업무의 프로세스를 확립해 대표가 없어도 운영되고 성장할 수 있는 기업을 구상해야 한다. 나아가 상장이나 매각 등의 엑시트exit도 고민해야 한다.

내게 엔젤 투자를 해준 선배 대표님과의 대화가 기억난다. 대표님은 창업 후 경리 직원 한 명과 함께 제품 상하차까지 직접 하면서 20년 동안 회사를 성장시켜 코스닥 상장까지 해냈다. 내가 보기엔 마냥 부럽기만 한 엄청난 능력자였다. 하지만 식사 자리에서 대표님은 여전히 회사를 다음 단계로 성장시키기 위해 중국 진출에 대한 고민을 하고 있었다. 도대체 창업기업의 대표에게 안정적인 시기란 언제인 걸까.

첫 제품 출시, 직원 관리에 허점이 생기기 쉽다

나도 그렇지만 창업기업의 대표들은 모두 창업 초기가 가장 일이 많고 바쁘다고 생각한다. 창업 후 몇 개월이 지난 초여름이었는데, 빠르게 사업 규모가 늘어나서 10명 가까운 인원이 사직동의 8평 사무실에서 숨 막히게 일하고 있었다. 내가 만들었던 데모 형태의 프로토타입 제품을 다시 기획하여 제대로 된 첫 제품 출시를 3개월 후로 정하고 치열하게 달리던 시절이었다.

지금 생각해보면 3개월이란 시간은 말도 안 되는 개발 목표였다. 기본적인 QAQuality Assurance(제품 개발을 완료한 후 테스트와 검수를 통해 출시 제품에 문제가 없도록 하는 개발 단계의 최종 작업) 기간도 포함하지 않았기에 실제로는 4개월 이상 걸렸을 일이었다.

그런데 당시 스타트업에게는 큰 행사이자 전시회가 두 달 후에 열린다는 것을 알게 됐다. 코엑스에서 수만 명이 모이는 행사였고 중앙 무대에 나가서 발표까지 할 수 있는 아주 좋은 기회였다. 지금은 이런 행사가 많이 있지만 당시 국내에는 한두 개밖에 없었고 1년에 한 번밖에 열리지 않는 소중한 기회였다. 너무 늦게 발견한 나 자신을 원망하며 어떻게 해야 할지 머리를 부여잡고 고민했다.

결국 직접적인 개발 일정과 관련이 있는 개발팀장과 디자인팀장을 불러 논의를 하자고 했다. 당시 회사 직원은 10명도 안 되었지만 세 개의 팀이 있었다(개발, 디자인, 마케팅). 그중 고등학교 친구였던 디자인팀장, 전 직장 동기이자 형이었던 개발팀장에게 의견을 구한 것이다. 나는 너무 좋은 전시회가 있는데 두 달밖에 남지 않아서 혹시 우리 제품의 출시 스케줄을 앞당길 수 있는지 물어봤다. 창업 시작부터 항상 나를 지지해줬던 디자인팀장은 힘들겠지만 해보자고 했다. 현실적인 개발팀장은 그렇다면 출시 때 반드시 포함시켜야 할 기능 위주로 제품 스펙을 재정의해보고 출시 스케줄을 재산정해보자고 했다.

가능 여부와 관계없이 두 사람 모두 갑작스러운 나의 요구에 긍정적인 반응을 보여주어 상당히 기뻤다. 하지만 제품 스펙까지 조정해서 다시 산정해본 스케줄도 전시회 날짜까지는 아무래도 어려웠다. 일주일 이상의 시간이 더 필요했다. 결국 참가하지 못하는 것인가 하던 차에 두 팀장이 다가와 생각지도 못했던 말을 했다.

"대표님, 그럼 방 잡아주세요."

부족한 시간을 확보하기 위해 출퇴근하는 시간을 아껴서 개발할 테니 회사 앞에 있는 허름한 모텔에 방을 잡아달라는 것이었다. 두 팀의 인원은 남자 넷, 여자 둘, 총 여섯 명이었는데 남자 방, 여자 방 하나씩 잡아서 일하겠다고 했다. 그리고 주말에 한 번 잠시 집에 다녀오는 식으로 해서 제품 출시를 전시회에 맞춰보겠다고 했다. 아직 철없던 대표였기에 미안하면서도 신이 나서 바로 방을 잡았다.

치열했던 두 달이 지나고 우리는 전시회에 무사히 참가했다. 사흘 내내 무대와 부스에서 목이 쉬도록 우리 제품을 홍보했고 전시에 참가한 기업 중 가장 늦게까지 부스를 운영했다. 결국 그것이 기회가 되어 매출과 투자 유치가 이뤄졌으며 이로써 조직 성장의 길이 열렸다. 지금 생각해보면 나를 포함해 모두 20대 또는 30대 초반의 그저 꿈 많고 열정적인 사람들이었기에 가능했던 일이었다.

최소한의 룰이 필요한 이유

과연 이 경험이 좋은 사례일까? 이는 인간적으로는 좋은 추억이 될지 몰라도 아주 좋지 않은 조직 운영 사례라 할 수 있다. 이런 운영은 조직 내에 다음과 같은 부정적인 결과를 가져올 수 있다.

첫째, 직원들의 생활 리듬이 깨지고 번아웃을 부른다. 최근 많이들 이야기하는 워라밸은 물론 건강까지 해칠 수 있다. 숙소가 코앞이니 늦게까지 일하고 야식 먹고 다시 일하고 새벽에 들어가서 자는 것이 반복되면 불규칙적인 생활로 크고 작은 질병들이 생기기 시작한다. 게다가 숙소 생활을 하지 않는 다른 직원들이 있다면 위화감을 조성할 수 있다. 새벽까지 일하다 보니 원래 출근 시간보다 늦게 출근하면서 조직 구성원끼리 합의된 최소한의 룰을 무시하는 사례가 되는 것이다.

또한 숙소 생활하는 직원들의 가족, 친구, 지인이 보기에는 아주 끔찍한 회사로 비칠 가능성이 높다. 내가 과거에 일했던 대기업에서는 면접 합격 결과가 나오는 날 정장을 차려입은 직원이 어머니에게 꽃다발을 배달하러 왔다. 그리고 소중한 자녀를 우리 회사에 입사하게 해주어 감사하다는 CEO의 편지까지 전달하면서 직원의 가족에게도 회사 브랜딩을 한다. 보여주기 식이 아니냐고 생각할 수도 있지만 사람은 자신이 속한 집단의 지지와 의견에 많은 영향을 받을 수밖에 없다. 가족, 친구, 지인은 아주 중요한 소속 집단이기에 영향을 받을 수밖에 없고 이런 측면에서 볼 때 숙소 생활은 최악의 결정이라 할 수 있다.

둘째, 직원들이 성과 중심이 아닌 시간 중심의 업무에 익숙해진다. 야근이 많아지면 오랜 시간 일하는 직원이 회사에 충성하고 뛰어난 직원이라는 잘못된 생각이 조직 내에 퍼진다. 그리고 그들의 목소리가 점점 커진다. 이에 반해 성과 중심 업무가 왜 좋은지는 KPI 방식과 OKR 기법 등 많은 경영 서적과 사례 연구에서 다뤘기에 생략하기로 한다.

대표가 나만의 작은 왕국을 만들어 마음대로 왕 노릇을 하고 싶은 게 아니라면 성과 중심으로 운영해야 한다. 시간 중심의 업무 분위기에 익숙해지면 같은 양의 일도 계속 처리 시간이 늘어나고 조직의 비효율성을 초래한다. 파킨슨의 법칙(어떤 일이든 주어진 시간이 소진될 때까지 늘어진다는 법칙)에 나오는 것처럼 필요 없는 고정비(인건비)가 증가한다.

셋째, 향후 규정을 재정비할 때 문제가 생길 수 있다. 앞서 예로 든 우리 회사의 제품 출시는 마치 전시 상황처럼 급박했기에 숙소 생활을 하고 출근과 퇴근 시간을 지키지 않아도 되는 예외를 둔 것인데, 전시 상황은 언젠가 끝나게 돼 있다. 하지만 어느새 익숙해진 업무 스타일과 분위기에 직원들이 야근을 하지 않아도 출근 시간을 지키지 않는 경우가 생긴다. 이런 상황이 반복되면 대표는 다시 출퇴근 시간을 명확히 하고 규정을 재정비해서 공지하지만 이미 익숙해진 직원은 대표가 '유연함'이 없다면서 불만을 표출하거나 마음속에 담아두게 된다. 즉, 조직 불화의 시작이 된다. 오죽하면 배달의민족은 '9시 1분은 9시가 아니다'라는 규칙까지 만들었겠는가.

마지막으로, 법적 문제가 있다. 초창기 기업의 직원은 대부분 잦은 야근을 경험하지만 의외로 야근 수당이나 초과 근무 수당을 법적으로 아무 문제 없이 지급하는 스타트업은 많지 않다. 그런데 이렇게 숙소 생활까지 한다면 고용노동법을 완전히 어기는 것이다. 당시에는 서로 응원하고 고무적인 분위기여서 문제가 없겠지만, 향후 불만이 생긴 직원이 이 일을 들고 나와 법적으로 문제를 제기할 수 있다.

그렇게 되면 이 문제는 100퍼센트 대표에게 불리하다. 나와 친한 한 대표는 창업 초기 술자리에서 직원 몇 명에게 우리는 가족이니 나중에 회사가 잘되면 성과급을 최소 500퍼센트 챙겨주겠다고 언급했는데, 몇 년이 지나 그 직원들이 퇴사하고 나서 임금 체불로 대표를 신고한 적이 있다. 그 대표는 회사 통장 가압류까지 당했다.

물론 단점만 있는 것은 아니다. 이런 운영의 장점도 존재한다. 공동의 목표를 달성하기 위해 애쓰는 경험을 하고 나면 상당한 신뢰 관계가 생겨나고 딱딱한 직장이 아닌 친구들 모임 같은 분위기가 된다. 우리 회사의 경우 숙소 생활 동안 직원의 여자 친구가 주말에 놀러 와서 모두에게 간식까지 쏘곤 했다. 그리고 중요한 전시회 참여와 같이 기회는 항상 오는 것이 아니기에 이런 운영으로 성장 기회를 잡을 수도 있다.

핵심 인력은 시간이 알려준다

정말로 직원이 자발적으로 야근하겠다며 특정 기간 동안 숙소를 구해달라고 하면 어떻게 해야 할까? 가장 좋은 방법은 직원을 채용할 때 출근 거리도 염두에 두는 것이다. 통근 시간이 한 시간 넘게 걸린다면 이는 업무의 과부하 말고도 번아웃을 초래할 수 있는 요인이다. 면접 당시에는 대중교통이 편하다거나 학교 다닐 때부터 익숙해서 괜찮다는 대답이 나온다. 하지만 막상 일을 해보면 그렇지 않다. 더군다나 야근을 자주 해야 하는 회사라면 문제가 더 크다.

그러므로 지원자가 다른 면에서 비슷하다면 통근 시간이 한 시간 미만인 직원을 채용하되 유능한 인재인 경우는 재택근무를 권하는 방법을 추천한다. 재택근무는 앞에서 언급한 부정적인 영향의 대부분을 예방할 수 있다. 또한 회사에서 그들을 배려한다는 메시지도 전달할 수 있어 더욱 긍정적이라 할 수 있다. 다만 해당 직원에게만 특혜를 제공하는 것이 아닌 재택근무 제도를 만들어 공식적으로 공유하고, 누구나 특정 조건이 충족되면 제도를 사용할 수 있게 해야 조직 내부의 분위기에도 문제가 없다.

해결책은 더 있을 수 있다. 앞서 우리 회사의 경우 무리하게 스케줄을 조정해서 제품을 출시하지 않고 서비스 콘셉트를 영상이나 문서로 만들어 배포했다면 어땠을까. 또는 일부 데모만 보여주고 베타테스터를 모집하는 형태로 참여할 수도 있을 것이다. 이것이 전시회가 아니라 고객사에 납품을 하는 문제라도 마찬가지다.

날짜를 미루는 방법 말고도 일정 기간의 유지보수나 추가 서비스를 무상으로 제공하는 방법으로 협상을 할 수도 있다. 이도 저도 안 된다면 차라리 지체상금을 지불하더라도 기간을 연장하는 것도 방법이다. 처음부터 말도 안 되는 계약을 한 것이 아니라면 생각보다 지체상금은 크지 않기 때문이다.

한편 야근한 직원에게 휴가를 추가 제공하는 것도 또 다른 해결책이다. 중요한 이벤트 때문에 추가 근무한 시간이나 일수를 산정해 그만큼 혹은 그보다 조금 더 상회하게 연차를 제공하는 것이다. 이 방법은 이벤트를 잘 수행하고 나서 받는 보상과도 같은 느낌을 주어 긍정적인 효과를 낸다. 우리 회사 역시 전시회 이후에도 종종 야근하거나 밤을 새우고 찜질방에서 잠시 쉬다 출근하는 직원들이 있었는데, 이들에게 추가 연차를 제공해 이벤트 종료 이후 리프레시하도록 했다.

그리고 이런 특정 이벤트에 따른 야근 이슈가 아니라 회사에 합류시키고 싶은 사람 또는 먼 거리에 살고 있는 핵심 인력이 회사 근처에 집을 구해달라는 상황이 있을 수 있다. 이때 월세 보증금 정도는 회사 차원에서 제공해주는 것도 복지이자 핵심 인력을 확보할 수 있는 방법이다. 좋은 인재 확보를 위한 투자인 셈이다.

대표마다 좋은 인재와 핵심 인력에 대한 정의는 다를 것이다. 나는 '꾸준함'을 뜻하는 'tenacity'를 가장 중요한 가치로 본다. 당장의 성과보다는 시간이 흐르며 목표에 다가가는 것이 중요하다. 그동안 사업을 하면서 느꼈던 시간과 성과의 관계는 다음 그래프와 같다. 그런데 대부분의 사람들이 포기하는 시점 이후, t만큼의

시간과 성과의 상관관계

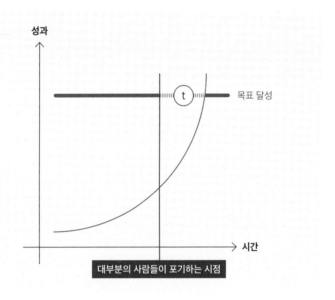

시간을 더 견뎌서 목표를 달성하는 직원들의 공통점은 모두 꾸준히 노력한다는 장점이 있었다.

보통 대표는 창업 초기에 두 가지로만 직원을 분류한다. 밤새며 일하더라도 조직의 성공을 최고의 가치로 여기는 사람, 칼퇴근하며 다소 여유롭게 일하고 회사보다는 본인의 삶을 더 중요하게 생각하는 사람이다. 하지만 직원은 둘로 나뉘지 않는다. 그사이 수많은 형태의 직원이 존재하며, 칼퇴근해도 항상 좋은 성과를 가져오는 아웃라이어outlier(평균치에서 크게 벗어나 다른 대상들과 확연히 구분되는 표본) 또한 존재한다.

더불어 시간이 갈수록 성장하는 사람과 후퇴하는 사람, 멈춰 있는 사람도 존재한다. 그렇기에 단기적인 이벤트에만 몰입하고 이탈해버리는 사람보다는 꾸준하게 예상 가능한 결과를 가져오는 사람이 대표 입장에서는 조직을 운영하기에 훨씬 수월하다. 그러니 세상 일을 너무 급하게 보지 말자. 방까지 잡지 않아도 당신과 당신의 조직은 충분히 목표를 달성할 수 있다.

07

회사의 비전이란
무엇인가

'회사는 비전 이상으로 성장하지 않는다'는 말

"회사에 대해 궁금한 점이 있으면 편하게 질문하셔도 됩니다. 어떤 질문도 괜찮아요. 월급은 밀린 적 없는지, 회식은 얼마나 하는지 같은 질문도 좋아요."

면접 인터뷰를 하면 늘 마지막에 지원자에게 궁금한 것을 질문하라고 말한다. 그러면 대부분은 회사의 분위기나 본인이 지원한 직무에 관해 구체적으로 물어본다. 가끔 왜 창업을 했는지 묻는 독특한 지원자도 있다. 스타트업과 중소기업을 여러 번 겪은 지원자는 회사의 매출이나 성장률을 묻기도 한다.

개인적으로 면접 시간은 회사와 지원자가 서로 인터뷰하는 자리라고 생각한다. 그래서 수없이 많은 질문을 하고 다소 민감할 수 있는 것도 묻는다. 그리고 상대방이 어떤 질문을 하는지를 보며 그 사람에 대해 파악해본다.

대개 면접자가 질문하는 것은 그전에도 많이 들었던 내용이라 나는 막힘없이 답변하며 면접을 마무리하곤 한다. 그런데 창업 초기에 한 지원자가 이런 질문을 해왔다.

"회사의 비전이 무엇인가요?"

나는 이른바 '공돌이' 출신이다. 고등학교 때는 전산 동아리 활동을 하면서 취미로 코딩을 했고 공대와 공과대학원을 졸업한 후 SW 엔지니어로 회사를 다녔다. 심지어 군대도 공병工兵을 다녀왔다. 그래서 경영을 전공한 대학생들도 아는 마이클 포터Michael Porter의 파이브 포스 모델5 Forces model, 마케팅의 4P는 물론 경영학원론에 나온 내용도 모르는 상태에서 창업을 했다.

회사의 비전은 당연히 생각도 못 할 수밖에 없었다. 혹시 목표를 묻는 것인가 해서 당시 그 지원자에게 다음 분기에 서비스의 어떤 기능을 업데이트할 것이고, 매출과 다른 성장지표는 이 정도를 목표로 하고 있다고 답변했다. 지원자는 만족하지 못한 표정을 지었고 나는 서둘러 면접을 마무리했다.

그 후에도 면접뿐만 아니라 직원과의 면담에서도 종종 회사의 비전이 화제가 될 때가 있었다. 대체 비전이 무엇일까. 궁극적으로 달성하려는 회사의 목표 정도로만 이해하고 있던 나는 머리가 아파왔다. 스타트업에서 시작해 글로벌 기업이 된 몇몇 회사의 비전을 살펴봤다.

- **페이스북**: 사람들이 스스로 커뮤니티를 만들 힘과 환경을 제공하고 전 세계의 사람들을 가깝게 한다(To give people the power to build community and bring the world closer together).
- **구글**: 한 번의 클릭으로 전 세계의 정보에 접근하게 한다(To provide access to the world's information in one click).
- **애플**: 우리는 위대한 제품을 만들기 위해 지구에 태어났으며 이는 변하지 않는다(We believe that we are on the face of the earth to make great products and that's not changing).

과연 글로벌 기업들의 비전은 탁월했다. 문장이 다소 추상적이지만 기업이 추구하는 콘셉트를 명확히 담고 있었다. 그 한 문장을 위해 얼마나 많은 시간을 들였을지 상상해봤다. 그리고 한국의 대기업들이 제시하는 비전들도 살펴봤다.

- **삼성**: 미래 사회에 대한 영감, 새로운 미래 창조
- **현대자동차**: 자동차에서 삶의 동반자로
- **SK텔레콤**: 새로운 가능성의 동반자
- **CJ**: 건강, 즐거움, 편리를 창조하는 글로벌 생활문화기업

조금 추상적이지만 역시 기업이 영위하고 있는 업의 특징과 그들이 추구하는 바가 느껴졌다. 대체 이 비전이 왜 중요한 것일

까. 그리고 이런 것을 궁금해하는 직원의 의도는 무엇일까.

얼마 전 테크스타즈 코리아(미국에 본사를 둔 스타트업 엑셀러레이터. 유럽과 미국 등에서 스타트업 멘토십 프로그램을 운영하고 있다) 매니징 디렉터인 이은세 님의 칼럼에서 본 회사는 설립자가 품은 비전 이상으로 성장하지 않는다고 한 말이 기억난다. 팀의 역량은 팀을 이끄는 리더의 역량에 수렴한다는 말과 비슷하다. 그 예로 빌 게이츠는 '모든 책상 위에 컴퓨터를, 모든 가정에 컴퓨터를'이라는 비전으로 마이크로소프트를 세워 이를 달성했다. 필립 코틀러 Philip Kotler는 《마켓 3.0》에서 비전이란 기업의 미션과 가치를 기업의 미래 전망과 결합한 결과물이라고 했다.

기업이 미션 중심인지 비전 중심인지에 따라 기업의 모습이 달라질 수 있다. 비전은 기업의 구체적 목표이며 미션은 비전의 상위 단계로 기업의 궁극적 목적이라 할 수 있다. 알게 될수록 공부할 것도 많고 정할 것도 많았지만 비전 수립이 선택이 아니라 필수라는 것을 느꼈다.

초기 창업기업에게 목표는 필수, 비전은 선택

결국 바쁘게 돌아가던 일을 멈추고 비전 워크숍을 진행했다. 창업 초기 10명이 채 안 되는 멤버들과 머리를 맞대고 우리의 방향성을 정해보고자 모였다. 비전, 미션, 핵심 가치, 전략 등 정할 것이 많았다. 짐 콜린스Jim Collins의 "성공적인 비전을 가진 기업은 일반적인 기업보다 12배나 높은 실적을 기록했습니다"라는 말처럼, 우리도 더욱 성장하고 위대한 기업이 되기 위한 꿈을 꾸기 시작한 것이다. 당시 우리는 데이터 시각화 제품과 기술을 주요 사업으로 하고 있었다. 그래서 '즐겁게 세상을 보여주자'라는 미션과 'Data Democracy(데이터 민주화)'라는 비전을 수립했다. 그리고 미션에서 표현한 것처럼 즐겁게 일할 수 있도록 각종 전략과 제도를 정비했다.

그동안은 제품과 서비스에만 집중하다가 궁극적으로 추구하는 미래의 비전을 정하고 나니 나와 직원들 모두 왜 이 일을 해야 하는지가 명확해졌다. 그런데 생각보다 비전, 미션, 핵심 가치, 전략을 제대로 정하는 것은 쉽지 않았다. 하루의 워크숍으로는 당연히 부족했고 몇 차례 회의와 토론을 이어갔다. 그 과정 속에서 '과연 비전이 그렇게 중요할까?'라는 의문이 든 것도 사실이다. 정말 위대한 기업들은 전부 이렇게 비전 설정에 많은 에너지와 시간을 쓸까?

물론 수많은 연구자들이 오랜 세월에 걸쳐 비전을 연구하고 그 중요성을 주장해왔다. 이런 자료를 보다 보면 조직의 비전에 시간을 쓰지 않는 경영자는 바보처럼 느껴질 정도다. 하지만 정말로 비전 설정과 유지에 이렇게 많은 시간을 투입해야만 위대한 기업이 되는 걸까.

네이버는 명시적으로 공개한 비전이 없지만 통신 분야 부동의 1위인 SK텔레콤보다 시가총액이 약 5~6조 원 더 크다. 그러면 네이버는 비전 없이 어떻게 성장할 수 있었을까. 네이버의 지난 성장을 살펴보면 단계별 목표와 전략이 확실했고 빠르게 사용자의 니즈에 대응해 시장을 장악했음을 알 수 있다.

생각해보면 급변하는 사업 환경에서는 오래전에 설정해두고 변화가 없는 비전은 독이 될 수도 있다. 따라서 모든 조직에 반드시 비전이 필요한 것은 아니다. 다만 조직의 미래를 위한다면 비전 혹은 목표를 설정하고 5년마다 조금씩 변경하는 등 시대에 맞게 변화를 고민하는 게 좋다.

조직의 비전은 직원의 충성도를 높인다

창업기업 CEO는 각자 지닌 강점들이 다르다. 이들은 전략, 마케팅, 영업, 운영, 자금 등에 하나 이상의 강점이 있고 이에 따라 영업 중심의 회사 또는 운영 중심의 회사 등으로 발전한다. 나는 나와 직원들이 가진 강점과 성격에 맞게 철학적인 비전 중심의 회사보다는 목표와 목적 중심의 조직을 만들기로 했다. 그리고 면접 때나 신입 직원으로부터 "회사의 비전이 무엇인가요?"라는 질문을 받으면 다음과 같이 답했다.

"우리 조직은 데이터 민주화라는 비전을 갖고 있습니다. 하지만 비전은 언제든 변경될 수 있어요. 이번 분기, 올해, 내년의 목표를 명확히 서로가 공유하고 달성하면서 우리가 추구하는 비전도 업데이트됩니다."

그런데 조직의 비전에 관해 묻는 사람은 왜 물어보는 것일까. 내게 비전을 물었던 사람들은 나중에 알고 보니 크리스 길아보의《두 번째 명함》에 나오는 '기쁨-보상-몰입' 모델에서 '기쁨'을 최우선 순위로 추구하는 이들이었다. 본인이 좋아서 기쁘게 일할 수 있는 준비된 조직인지, 회사의 미래에 대한 생각이 있는 대표인지 알고 싶었던 것이다.

물론 모두가 그런 것은 아니지만 대부분이 이런 성향이었다. 이들에겐 보상을 위한 인센티브보다 회사의 성장 목표와 같이 무언가를 달성하는 경험이 더 중요하다. 그리고 그것을 보여주면 워라밸과 상관없이 조직에 상당한 충성도를 보인다. 반대로 제대로 된 비전을 보여주지 못하면 금방 이탈할 수도 있다.

그래서 이런 인재는 그를 관리하는 리더가 명확한 동기부여, 일의 명분, 회사의 장단기 목표를 공유할 때 좋은 성과와 충성도를 보인다. 상당히 좋은 인재이면서도 다른 관점에서 보면 직원을 만족시키기 위해 회사가 많은 것을 고민하게 만드는 유형이다. 그러니 당신이 어떤 유형의 대표인지, 어디까지 해줄 수 있는

지를 고민해서 채용하고 관리해야 한다.

　다른 회사에서 S급 인재라고 인정받은 사람이 우리 조직에서는 최악의 성과와 핏을 보여줄 때도 있다. 그런 의미에서 사업 운영이란 우리 조직과 우리에게 맞는 인재 그리고 목적(또는 비전)을 알아가는 과정이라고 생각한다. 이 세 가지 요소가 유기적으로 연결되지 않으면 사업 운영은 물 흐르듯 흘러가지 않는다.

무급 인턴을
채용한다는 것

대학생 인턴의 실상

창업 초기, 현재 벌어지고 있으며 앞으로 벌어질 모든 것이 신나고 기대되고 걱정되고 어려웠던 시기였다. 무엇보다 해야 할 일이 너무 많아서 좌충우돌하며 배우고 성과를 달성해가며 조직을 만들어가는 때였다. 대학원과 직장에서 우선순위에 맞게 일을 처리하는 방법과 전략적으로 사고하는 방법을 배웠지만 창업이라는 실전에서는 항상 부족함과 갈증을 느끼곤 했다. 그래서 더욱 좋은 인재를 회사에 합류시키려고 노력했고 1년이 채 되지 않아 10명 정도의 사람들로 사무실이 꽉 차게 되었다.

하지만 초기 창업기업은 고유의 제품과 서비스 그리고 기술을 빠르게 확보하는 것이 무엇보다 중요하다. 그래서 나를 제외한 대부분의 인력은 제품을 개발하는 인력으로 구성할 수밖에 없었다. 영업, 마케팅, 홍보, 사업 개발 및 온갖 잡무는 나와 공동창업자 둘이 해나가면서 언제쯤 이 파트에 인력을 충원할 수 있을지 고민하곤 했다.

여느 때와 다름없이 새벽까지 일하고 쓰러지지 않을 정도의 잠만 자고 출근한 날이었다. 이사가 내게 오더니 자신의 대학 동아리에 무급 인턴이라도 좋으니 창업기업에서 일해보고 싶은 대학생이 있다고 했다. 당시 무급 인턴이라는 개념을 잘 몰랐던 나는 일단 만나보자고 했다. 학생들과 면담 이후 능력 있는 친구들이라는 생각이 들어서 곧바로 협업을 제안했다. 원격으로 할 수 있는 만큼 일을 하고 일주일에 하루만 회사에 나와 회의 및 업무를 해보자고 한 것이다.

그렇게 두 명의 대학생 무급 인턴이 합류했고, 우리가 하고 싶었던 대규모 캠페인부터 각종 마케팅 활동을 함께 진행했다. 대학생이지만 대학에서 기업 프로젝트도 해봤던 경험이 있었으며, 나 역시 개인 시간을 쪼개서 조금씩 하던 그전에 비하면 많은 도움이 되었다.

나는 그들에게 최대한 좋은 경험과 경력이 될 수 있도록, 하고 싶은 업무를 가능하면 모두 추진하고 리드하게 했다. 그리고 무급 인턴이니 페이는 지급하지 않더라도 일주일에 한 번 회의할 때 식사라도 맛있는 것을 사주자는 생각에 항상 괜찮은 식당으로 그들을 데려갔다. 그런데 일을 시작한 지 한두 달이 지난 어느 날 한 인턴이 조심스럽게 다가와서 이런 말을 했다.

"대표님, 식사도 좋지만 페이를 받고 싶습니다."

순간 나는 당황했다. 마치 나쁜 짓을 하다 들킨 사람마냥 부끄러웠다. 그와 동시에 억울한 감정을 느꼈다. 처음부터 무급 인턴으로 일하고 싶다고 한 것은 그들이었고 그래서 일을 시작할 때 합리적인 업무의 양과 방법을 서로 충분히 논의해서 정했다. 더불어 굳이 챙기지 않아도 됐지만 나름의 보상으로 그들이 원하는 업무를 추진하도록 우선순위를 주고 예산까지 할당했으며 식사도 꽤 신경을 썼다.

만일 처음부터 유급 인턴이었다면 채용하지 않았거나 인턴이 아닌 경력 직원을 채용했을 것이다. 그랬기에 뭔가 억울하면서도 마치 내가 언론에 나오는 나쁜 사장, 악덕 고용주가 된 것 같아 민망한 감정까지 느낀 것이다. 만일 당신 같으면 이 상황에서 어떻게 하겠는가. 나는 결국 무급 인턴 두 명 중 한 명과는 일을 종료하고 다른 한 명은 유급 인턴으로 전환했다. 좋은 사람들과 신나게 일하고 싶어서 창업을 결심했기에 이런 생각을 하는 직원이 있다는 것은 용납할 수 없었다.

결과적으로 무급 인턴 두 명과 관련해 특별한 문제도 없었고, 유급 인턴으로 전환된 직원은 계약 기간 종료 후 우리 회사 경력을 바탕으로 실리콘밸리 인턴까지 했다. 그리고 몇 년 전 창업해서 지금은 혁신적인 회사를 만들어가고 있다. 돌이켜 보면 무급 인턴이 우리 조직에 좋은 제도였을까? 내 생각은 그렇지 않다. 성장이라는 목표만 보였던 초기 창업가인 내가 저지른 잘못이라고 할 수 있다. 그리고 운이 좋아 아무 문제가 없었던 것이지, 자칫하면 성장을 더 늦출 수도 있는 위험한 제도였다.

무급 인턴은 득일까, 실일까?

무급 인턴은 사실 국내보다는 해외에서 더 많이 시행된다. 〈가디언Guardian〉에 따르면 2016년 미국에서의 150만 개 인턴십 중 약 절반이 무급 인턴십이라고 한다. 〈포춘Fortune〉은 무급 인턴십이 학생들에게 귀중한 경험을 제공하는 동시에 조직의 비용과 위험을 낮출 수 있는 수단이라고도 한다. 그러나 이것이 기회인지 착취인지는 세계 여러 나라에서도 다양한 의견이 존재한다.

내가 알기로 무급 인턴은 합법도 불법도 아닌 사각지대에 놓여 있다. 법으로 정해지지 않았다고 하지만 국내에서는 대부분의 법이 포지티브 규제(허용되는 것만 나열하고 그 외 사항은 불법) 방식이라고 알고 있다. 그런 측면에서 보면 무급 인턴 제도에는 상당한 위험이 존재한다.

대표의 입장에서 무급 인턴 제도가 좋지 않은 이유는 세 가지다. 첫째, 예외가 생긴다. 초기 창업기업은 조직의 프로세스를 만드는 과정에 있다. 구멍가게 주인처럼 아무 때나 마음대로 회사를 휘젓고 싶은 게 아니라면 직원 복지와 보상에 대한 프로세스는 일관성이 있어야 한다. 그런데 급여를 받지 않고 있으며 고용된 직원도 아닌데 우리의 일과 핵심 업무를 담당하는 존재는 프로세스에 예외가 되고 직원들에게 혼란만 줄 수 있다.

예를 들면 명절 상여금을 지급할 때 무급 인턴에게는 지급할 것인가, 말 것인가? 지급하게 되면 그들은 무급 인턴에서 유급 인턴이 되는 것인가? 그리고 지급하지 않으면 우리 회사를 위해 열심히 일한 구성원에 대한 보상에서 그들은 왜 빠져야 하는가? 대표는 물론 다른 직원들도 그런 질문들을 떠올릴 것이다. 직원 복지와 보상은 기업문화를 만들어나가는 데 아주 중요한 부분이다. 고작 몇백만 원의 인건비를 아끼려고 이 모든 것을 흔드는 게 좋은 걸까.

둘째, 창업가의 시간은 무엇보다 중요하다. 할 일은 태산이고 우선순위에 따라 항상 선택과 집중을 해야 한다. 그런 상황에서 무급 인턴을 채용하면 대표는 인턴들의 보상을 위해 적어도 몇 분이라도 사용하게 된다. 아무리 매정한 사람이라도 열정적으로 우리 회사의 성장을 위해 일하는 인턴이 무급이라면 다른 측면에서라도 보상해주려고 방법을 찾을 것이다. 이는 비싼 식사가 될 수도 있고, 영화 티켓이 될 수도 있으며, 아직 경험이 부족한 대학생 인턴에게 회사의 중요한 프로젝트를 리드하게 하는 것일 수도 있다. 이런 보상을 생각하느라 창업 초창기 귀중한 시간을 들일 수 있다.

셋째, 일을 마음대로 시킬 수 없다. 한번은 노무사를 통해 무급 인턴이 불법인지를 검토해본 적도 있었다. 일을 시켰을 때 무급 인턴이 거부할 수 있으면 합법이고, 그렇지 않으면 불법이라는 답변을 들었다. 물론 직원은 대표의 노예가 아니다. 일을 지시할 때는 명분을 제시해야 하고 그 일을 추진할 수 있는 환경도 함께 만들어야 한다. 하지만 법적 용어로 대표이사는 '사용자', 직원은 '근로자'다. 즉, 직원을 사용하는 사람이 대표인데 합리적인 목적과 방법으로도 직원에게 일을 시키지 못한다면 대표는 회사를 이끌어갈 수 없다.

또한 무급 인턴은 아무래도 본인이 원하는 일, 선호하는 일을 맡겨달라고 요구하는 경우가 많고 나머지 일에 관해서는 다른 직원보다 하려는 의지도 약할 것이다. 그러니 더욱 이들에게 일을 시키기가 어렵다.

수많은 8:2 법칙이 있지만 내 경험으로는 직원의 업무도 8:2 법칙을 따른다. 직원이 어떤 회사에 지원했을 때 생각한 업무 또는 핵심 역량으로 키워가고 싶은 업무가 80퍼센트, 그 범주에 들지는 않지만 회사를 위해 해야만 하는 일이 20퍼센트일 때 일에 대한 만족도가 유지된다. 그리고 이 비율이 깨지면 결국 인재를 놓치게 된다. 하지만 무급 인턴은 20퍼센트조차도 수용하지 않을 수 있다. 또는 대표가 무급 인턴에게 그 20퍼센트를 시키지 않으려 배려하는 데 시간을 쓸 것이다.

똑똑한 인력 충원 방법

그렇다면 무급 인턴을 쓰지 말고 무조건 직원을 채용해야 할까? 회사가 고속으로 성장할 때 단기간에 많은 직원을 채용해서 핵심 인력으로 만들 수 있을까? 사실 인원이 단기간에 많이 늘어나면 역시나 상상할 수 없는 위험이 존재한다. 일단 고정비가 폭발적으로 늘어나 회사 자금 소진 속도가 빨라진다. 대개 인건비 외에 원재료 값이 거의 들지 않는 IT 비즈니스에서는 '인건비×1.5'를 매월 사용하는 예산으로 생각하면 좋다. 물론 마케팅, 홍보 예산 등은 제외한 것이다.

가령 연봉 4,800만 원인 직원 한 명을 채용하면 매월 600만 원의 예산이 필요하다. 그리고 영업이익률이 30퍼센트 넘으면 알짜 기업으로 보는 통념에 따라 계산하면 2,000만 원의 월매출이 추가로 꾸준하게 발생해야 한다. 그래야 연봉 4,800만 원의 직원 한 명을 안전하게 감당할 수 있다.

이처럼 직원 한 명이 늘어났을 때의 고정비 압박은 상당하다. 또한 인원이 갑자기 늘어나면 직원이 수십 명밖에 안 되는 회사에서도 파벌과 라인이 생긴다. 무엇보다 대표는 '외로운 섬'이 돼버린다. 10명에서 갑자기 30명이 되면 어떻게 될까? 10명은 대표가 직원 한 명 한 명을 관리할 수 있는 숫자다. 하지만 30명이면 한 사람당 10분씩만 쉬는 시간 없이 이야기해도 다섯 시간이 걸린다. 오후 시간이 통으로 사라지는 것이다. 따라서 인원이 늘어나면 팀 단위로 조직을 나누고 본부 단위를 신설해 대표는 팀과 본부의 리더와만 주로 커뮤니케이션하게 된다.

그런데 대표에게는 스태프 또는 스태프 조직이 반드시 필요하다. 가장 먼저 앞장서서 일을 만드는 사람이기에 이를 보조해줄 사람이 필수적이며, 시간을 조금 더 중요한 곳에 효율적으로 써야 하기 때문이다. 그래서 큰 조직에서는 리더에게 비서나 어시스턴트를 붙이는 것이다. 하지만 순식간에 팀이나 본부가 생겨나면 회사는 실무 조직들과 대표로만 구성돼버린다. 팀이나 본부의 리더들도 대표를 서포트하던 입장에서 그들의 팀원들을 더 신경 쓰게 되는 입장이 된다.

결국 조직의 외형적 성장과 함께 대표는 외로워진다. 물론 대표는 외로운 자리이고 이를 감수해야 하는 게 당연하지만 시간이 흐르면 이런 일들이 생겨난다는 것을 미리 알려주고 싶다. 회사가 성과를 내고 성장해서 규모와 인원이 급격히 늘어나는 것은 행복한 고민이다. 열심히 해도 제자리에서 맴돌고 있는 것보다는 훨씬 낫다.

이 외에도 직원의 수는 한번 늘리면 절대 쉽게 축소할 수 없기에 위험성이 따른다. 세상에 합법적 해고는 없기 때문이다. 해고 관련 법 조항을 찾아보면 다음과 같다.

근로기준법 제23조 ① 사용자는 근로자에게 정당한 이유 없이 해고, 휴직, 정직, 전직, 감봉, 그 밖의 징벌(懲罰)(이하 '부당해고 등'이라 한다)을 하지 못한다. ② 사용자는 근로자가 업무상 부상 또는 질병의 요양을 위하여 휴업한 기간과 그 후 30일 동안 또는 산전(産前)·산후(産後)의 여성이 이 법에 따라 휴업한 기간과 그 후 30일 동안은 해고하지 못한다. 다만 사용자가 제84조에 따라 일시보상을 했을 경우 또는 사업을 계속할 수 없게 된 경우에는 그러하지 아니하다.

여기서 중요한 부분은 '정당한 이유 없이'다. 이를 증빙하기는 상당히 어려우며 우리나라 법은 사용자보다는 근로자의 입장을 많이 배려하는 경향이 있다.

만일 당신의 조직이 성장해서 인력 충원이 필요하다면 신규 직원 채용도 있지만 다음 세 가지 옵션도 함께 고려해보길 권한다. 첫째, 계약직 또는 프리랜서를 고용하는 것이다. 정기적이고 일상적인 업무는 프리랜서를 통해 처리하고 새로 추진하는 일은 내부 직원이 맡아보게 한다. 앞서 잠깐 언급했던 것처럼, 계약직 또는 프리랜서로 함께 일하다가 정말 괜찮은 인재라면 합류 제안을 해볼 수도 있다.

둘째, 전문 업체에 용역을 주어 아웃소싱하는 것이다. 해당 업무에 관해 우리보다 경험이 더 많은 업체를 찾아서 맡긴다면 더 효율적일 수도 있고 좋은 파트너 관계가 될 수도 있다.

셋째, 대학 연구실 또는 학회와 오픈 이노베이션 형태로 협업해보는 것이다. 당신의 회사에서 새롭게 하려는 일을 예전부터 꾸준히 연구해왔던 대학의 교수 및 연구실이 분명 있을 것이다. 그리고 연구 영역이 아니라 실행이 필요한 것이라면 대학에 있는 전략, 마케팅 학회를 찾아 예산을 지원해주면서 공동 프로젝트를 해보는 것도 좋은 성과를 낼 수 있는 방법이다. 그래도 인턴급의 직원을 꼭 채용하고 싶다면 무급보다는 최저임금 수준이라도 유급 인턴 제도 운영을 추천한다.

고객의 무리한 요구에
대응하는 법

숫자가 말해주는 창업기업의 진실

부끄럽지만 직장인 시절 내가 다니는 회사의 정확한 매출이 얼마였는지 전혀 몰랐다. 회사 매출은 내 관심사가 아니었다. 매출이 얼마인지도 모르면서 왜 연말 성과급이 안 나오는지 투덜거렸다. 그저 좋은 인사고과와 연봉 인상률에만 관심이 있었다. 아니, 더 정확하게는 R&D 직무였기에 내가 진행하는 프로젝트의 성과나 실제 사업화 여부가 중요했을 뿐이었다.

지금 생각해보면 회사의 매출, 영업이익, 당기순이익을 알 수 있는 방법은 많았다. 분기 사업보고서를 보면 회사의 성과와 앞으로의 방향성도 대략 알 수 있다. 그때는 왜 내가 속한 조직의 숫자에 관심이 없었을까. 아마 고용된 입장이어서였을 것이다. 그 때부터 숫자를 봐왔다면 창업하고 나서도 재무 감각과 사업 운영에 많은 도움이 됐을 것이다.

창업 직후 많은 것을 배워야 했다. 특히 세무회계 기장, 계정 과목, 복리후생비와 접대비 구분, 재무제표, 4대 보험, 급여 산출 등 생소한 개념을 빠르게 배우고 적용해야만 했다. 모든 것이 어설펐고 부족했다. 그래도 작은 성과에 뿌듯해하면서 월별, 분기별 매출을 기록했고 그 숫자들을 보며 '과연 우리가 BEP^Break Even Point(손익분기점)를 넘을 수 있을까?' 하고 상상하곤 했다.

모르는 것도 많고 배울 것도 많았지만 현실은 준비할 시간조차 주지 않았다. 다행히도 창업 준비 시절 MVP^Minimum Viable Product(최소 기능 제품) 형태의 제품 프로토타입을 개발한 후에 창업을 시작할 수 있었고 그래서 바로 영업이 가능했다. 모든 인맥을 총동원했고 그래도 안 되면 무작정 전화를 걸거나 메일을 보내 만나자고 제안했다. 지금 돌아보면 상당히 무모했지만 덕분에 정말 많은 사람을 만날 수 있었다.

한번은 다소 유명하고 높은 자리에 있는 분을 만나야 했다. 그 기업과의 계약 실적이 우리에게 꼭 필요했다. 그래서 그분이 쓴 수년간의 SNS 글을 모두 읽고 인터뷰했던 내용을 분석해서 무엇을 좋아하는지, 어떤 생각을 하고 있는 분인지 파악했다. 그리고 평소 존경해왔다는 말과 함께 꼭 뵙고 싶다고 SNS 메시지를 보냈다. 신기하게도 오래 걸리지 않아 답장이 왔고 미팅을 하게 됐으며 결국에는 계약까지 체결할 수 있었다.

실제로 스티브 잡스가 HP 사장에게 전화해서 인턴 자리를 얻어낸 일화, 손정의 회장이 16세에 후지타 덴(일본 맥도날드 창업자)에게 전화해서 15분 면담을 하게 된 일화를 보면 그들이 운이 좋았던 게 아니다. 세상에 안 되는 것은 없다. 사안에 따라 시간이 걸릴 뿐이다.

나도 비슷한 경험이 있다. 회사가 B2B 사업으로 방향 전환을 하고 나서 한동안 기업과 기관 영업을 내가 혼자 하거나 주니어급(5년 미만) 직원과 함께 진행했다. 초기 창업기업이 대기업과 바로 계약을 맺는 것은 현실적으로 어려워서 공공기관 실적을 먼저 확보하는 일에 집중했다. 만나기만 하면 제품의 필요성을 설득했고, 공공기관 홈페이지에 나와 있는 담당자 전화번호로 여러 번 미팅을 요청했지만 쉽게 만날 수 없었다. 그래서 한번은 국민신문고(국민이면 누구나 정부에 관한 건의 사항을 쓸 수 있는 웹사이트)에 글을 작성해 올렸다.

A 시청에서 현재 사용하는 솔루션이 외산인데, 우리 제품은 기능적으로 비슷하면서도 국산 솔루션이라 유지보수 측면에서 훨씬 좋습니다. 국민의 세금으로 운영하는 공공기관에서 경쟁력 있는 국산 솔루션을 검토해주시기 바랍니다. 바로 구매해달라는 것이 아니라 담당자분에게 우리 솔루션을 소개하고 싶습니다.

지금 생각하면 참으로 무모하지만, 놀랍게도 인연이 되어 담당자를 만나고 그 윗선을 소개받아 솔루션 구매는 물론 파트너십까지 체결했다. 그리고 이것이 주요 실적이 되어 다른 공공기관 및 대기업과도 계약할 수 있었다.

"그래서, 매출이 얼마야?"

항상 좋은 만남만 있었던 것은 아니다. 오히려 상대방의 무례함에 기분만 나빴던 미팅도 많았다. 흥미로운 점은 우리가 먼저 만나자고 제안한 미팅보다 상대 쪽에서 먼저 만나자고 이야기한 미팅에서 이런 경험이 더 자주 있었다.

한 금융회사에서 우리 제품에 관심을 갖고 연락해와서 해당 임원진과 미팅할 기회가 생겼다. 나는 연락을 준 담당자에게 임원 이외 어떤 분들이 들어오는지 알려달라고 요청했지만 몇 명의 담당자만 배석할 것이라고만 들었다.

그렇게 미팅 당일, 커다란 회의실에 있는 담당자 다섯 명 정도와 인사를 나누고 바로 우리 제품 소개를 시작했다. 참석하기로 한 임원은 사정상 불참하게 됐다고 했다. 우리는 30분 정도 신나게 우리 제품의 장점과 그들이 얻을 이점을 이야기했다. 수많은 질문과 답변을 주고받으면서 좀 더 그들의 요구 사항을 명확하게 파악할 수 있었다. 객관적으로 봐도 우리 제품이 그들에게 최적이라는 판단이 들었다. 그렇게 한 시간 정도가 지나고 미팅을 마무리하려 하는데 갑자기 임원들이 들어왔다. 그들은 미안하다는 말 한마디 없이 회의실을 가득 채웠고 태도도 상당히 무례했다.

우리는 단 두 명, 그들은 약 20명이었다. 회의실은 어두운 정장 차림의 사람들로 꽉 찼다. 한 임원이 그래서 뭐하는 회사냐고 반말로 물었고, 어쩔 수 없이 한 시간 동안 떠들었던 이야기를 다시 시작했다. 하지만 설명하려고 하면 자꾸 말을 끊으며 '그게 되겠냐, 다른 회사도 할 수 있는 것 아니냐'고 역시 반말로 말했다. 최악은 빈정거리면서 말꼬투리를 잡으며 웃었던 것이다. 함께 앉아 있던 담당자들은 그것이 의전이라고 생각하는지 따라 웃었다. 나는 벌겋게 달아오르는 얼굴을 진정시키며 최대한 담담하게 답변했다. 그런데 그 임원은 제품 소개를 다 듣기도 전에 뜬금없이 이런 질문을 해왔다.

"그래서 그 회사는 매출이 얼마인가?"

초기 창업기업에 매출이라니? 분명 우리가 창업한 지 얼마 안 된 회사라는 것을 알고도 만나자고 했을 텐데 도무지 이해가 되지 않았다. 그럼에도 나는 아직 우리는 작은 회사지만 강력한 제품을 갖고 있다고 설득했다. 결국 그 미팅은 내 인생 최악의 미팅 중 하나로 남았다. 하지만 아이러니하도 얼마 지나지 않아 우리는 그 회사와 계약하게 되었다.

어디서나 당당한 당신만의 숫자를 찾아라

기업 간 거래에서는 제품만큼이나 회사의 신뢰도가 중요하다. 그래서 상대 기업에서는 매출이 궁금할 수 있지만 사실 이런 경우는 재무제표와 각종 서류를 제출하면 충분하다. 아니면 처음부터 RFP Request for Proposal(제안요청서)에 제품 이외 원하는 기업의 요건을 서술하면 된다. 굳이 자기편 수십 명을 앉혀놓고 이렇게 할 필요는 없다. 이는 명백히 기선 제압이며 자기들 말 잘 듣게 하려는 속셈이다. 비슷한 질문으로는 "그래서, 회사 직원은 몇 명인가?"도 있다.

SI System Integration(정보 시스템을 구축해주는 용역 프로젝트) 회사라면 프로젝트에 투입할 인원이 충분히 있는지도 중요하다. 하지만 우리 같은 제품 기반의 솔루션 회사에는 인원이 큰 의미가 없다. 전체 프로젝트 규모가 10억 원이건, 100억 원이건 동일한 제품을 넣기 때문이다. PR 업계의 유명한 창업가 한 분은 창업 초기에 고객사에서 직원 수를 물어볼 때마다 거꾸로 고객사에 본 프로젝트를 위해 필요한 인원이 몇 명이라고 생각하는지 물었다고 한다. 고객사가 예산에 맞는 직원 수를 말하면 "그 인원은 충분히 있습니다"라고 안심시켰다고 한다.

간혹 직원의 연령대를 물어보는 경우도 있다. 너무 어리고 경험 없는 직원들만 있는 게 아닌지 불안해서 묻는 것이다. 그래서 나는 영업직을 채용할 때 같은 조건이면 나이가 많은 사람을 선호했고 50대 중후반의 사외이사까지 채용했다. 하지만 결국 그들이 알고 싶은 것은 우리가 믿을 수 있는 회사인지다. 눈에 보이는 숫자는 신뢰하기 위한 명분과 근거일 뿐이다.

페이스북에 1조 원 이상의 금액으로 인수된 인스타그램의 직원 수는 겨우 12명이었다. 그에 반해 카카오에 인수된 다음은 시가총액 1조 590억 원(2014년 5월 기준)으로 직원이 1,579명이었다. 직원 수와 상관없이 어떤 가치를 만들어낼 수 있는지, 어떤 엄청난 일을 할 수 있는지가 회사의 가치인 것이다.

그러니 당당해도 된다. 우리 조직의 작은 규모를 약점 삼으려 한다면 당당하게 공개하되 다른 근거와 명분을 제시하라. 내 경우 창업 초기에 매출과 직원 수를 물어볼 때마다 솔직하게 공개했고 여기에 덧붙여 우리가 진행했던 타 고객사 사례를 언급했다. 지금 만난 고객사보다 더 큰 고객사에서 우리에게 더 많은 예산으로 맡겨 성공적으로 완료했던 프로젝트를 말하는 것이다. 그러면 상대는 더 이상 우리의 규모를 문제 삼지 않았다.

영업으로 임원까지 된 어떤 분에게 과거 영업사원 시절 경험을 들은 적이 있었다. 그는 비 오는 날이면 고객사에 들어가기 전에 일부러 비를 옷에 조금 묻히고 들어간다고 했다. 그렇게 살짝 측은하게 보이면 상대방이 거절하기 힘들다는 것이다. 물론 이런 전략이 가끔은 필요할 때도 있다. 하지만 계속 그러면 우리를 만

만하게 보고 결국에는 말도 안 되는 요구를 해온다. 요즘 마케팅과 더불어 브랜딩의 중요성이 강조되고 있는데 성공적인 브랜드란 '할인하지 않는 것'이라고 생각한다.

만일 내세울 만한 과거 사례가 아직 없다면 어떻게 해야 할까. 사례가 좋은 설득 수단이긴 하지만 다른 방법도 많다. 중요한 것은 당신만의 숫자를 찾아야 한다. 회원 수가 될 수도 있고 영업이익, 재구매율, 특허나 인증 등 공식적인 기술의 우수성, 경쟁 제품과의 비교우위 등 수없이 많다.

단, 이 숫자는 당신만이 찾을 수 있고 당신만이 결정할 수 있다. 이 숫자를 찾아내서 꾸준히 높여가자. 이 숫자는 상대방을 설득하고 당신의 불안감도 날려줄 수 있다. 당신의 회사는 단순히 작은 회사가 아니다. 아직은 작지만 강한 회사다.

어린 대표 말고
젊은 대표가 되라

젊은 대표로 산다는 것

내가 아는 한 대표는 20대 끝자락에 창업을 시작했다. 아직 만 1년이 되지 않은 어린 기업의 대표다. 직원이 세 명밖에 없어서 대부분의 일을 직접 하고 있다.

한번은 그 대표가 은행 업무 때문에 직접 서류를 제출하러 갔는데 창구 직원이 "이렇게 서류를 준비해오시면 안 되죠. 이럴 거면 대표님이 직접 오셔야 해요"라고 쌀쌀맞게 말했다고 한다. 그가 당당하게 "제가 대표인데요"라고 하자 직원은 화들짝 놀라며 "대표님이셨어요? 너무 어리셔서 몰랐습니다. 죄송해요"라면서 응대 자세가 달라졌다고 한다.

나 역시 20대 후반에 창업을 시작했다. 아무것도 모르는 어린 대표로서 많은 사람들을 만났는데 나이를 따지는 우리나라 문화 때문에 사람들은 거리낌 없이 내 나이를 물어보곤 했다. 그래서 너무 어려 보이지 않으려고 항상 셔츠를 말끔하게 입었고 말도 조심하려고 했다. 또 명함에 'Ph.d'라는 글자라도 있으면 어린 느낌을 상쇄시킬 것이라 생각해서 일하면서 박사과정도 함께 시작했다.

회사 내에서도 직원들과 나이 차가 많지 않았고 오히려 나보다 나이 많은 직원도 있기에 항상 조심했다. 일부러 거리를 둘 때도 있었다. 어린 나이에 창업한 몇몇 대표들이 이른바 '대표병'에 걸리는 걸 봤기에 '어린 대표'가 아닌 '젊은 대표'로 보이도록 늘 이미지에 신경 썼다.

쉽게 변명하지도, 사과하지도 마라

요즘은 창업 붐이 일어나면서 어린 스타트업 대표가 많아졌다곤 하지만 보통 아직까지 회사의 대표라고 하면 최소 40대 이상을 생각한다. 그래서 나이 어린 대표들은 종종 두 개의 명함을 제작한다. 하나는 팀장 또는 이사 직급이 적힌 영업용 명함과 다른 하나는 'CEO & Founder'라고 적혀 있는 명함이다.

나 역시 명함을 두 개 만들어서 상황에 맞게 꺼내곤 했다. 실무자나 무리한 요구를 하는 고객사 담당자에겐 영업용 명함으로 소개했다. 너무 무리한 요구일 경우는 "저희 대표님께 여쭤보고 말씀 드리겠습니다"라고 거절할 수 있기 때문이다. 그리고 대표나 임원을 만날 때는 대표의 명함으로 나를 소개했다.

시간이 지나 고객사 담당자와 친해지고 나면 사실은 내가 회사의 대표라고 소개하게 된다. 그러면 으레 담당자는 창업 전에 무엇을 했느냐고 묻는다. 특히 대기업 담당자가 그런 질문을 많이 한다. 나는 창업 전 대기업 두 곳에서의 경력이 짧지만 뭔가 할 말을 만들어주었다.

그렇지만 직장 경험이 없는 창업자라면 이 질문에서 망설이게 된다. 정말 사회생활에 대해 아무것도 모르는 대표로 보일 것 같기 때문이다. 사실 어떻게 대응해야 하는지 정답은 없지만 이런 경우 생각의 깊음을 보여주면 좋다. 나는 종종 '내가 풀어야 할 문제를 내가 정의하고 싶어서 창업을 했다'고 말하곤 했다.

물론 상대방은 별 뜻 없이 물어봤을 수도 있다. 아니면 어떻게 해서 창업을 하고 대표가 되는지 궁금해하는 사람도 있다. 퇴사가 트렌드가 된 요즘 이직만큼 창업도 직장인의 주요 관심사이기 때문이다. 창업기업의 대표로 살다 보면 대표 개인의 이야기 역시 회사의 이미지에 영향을 주기에 미리 생각해두면 좋다. 철없는 대표로 보이지 않으려면 말 한마디에도 깊은 고민과 생각을 보여주어야 한다. 많은 직장인들이 회사에서 가면을 쓰고 산다고 하지만 대표 역시 자신이 보여주고 싶은 리더의 가면이 필요하다.

어린 대표가 아닌 젊은 대표로 이미지 메이킹하고 싶다면 다음 세 가지 방법을 권한다.

첫째, 변명하지 않기다. 사업하다 보면 억울한 일이 너무 많이 일어난다. 내 실수로 일어난 일도 있고 직원의 실수로 생긴 일도 있다. 혹은 우리 잘못이 아닌데 욕을 먹는 경우도 있다.

한번은 대기업과 공동 프로젝트를 추진하면서 관련 내용을 보도 자료로 언론에 배포한 적이 있었다. 먼저 내게 확인받고 배포하라고 실무자에게 말했는데 실무자가 깜빡하고 배포해버린 것이다. 다행히 내용에는 문제가 없어서 넘어갔지만 한밤중에 대기업 부장에게서 전화가 왔다. 그 부장은 술을 한잔하고 전화했는지, 비속어와 함께 반말로 소리를 질러댔다. 그들의 허락 없이 언론에 보도 자료가 나갔다며 화를 냈다.

마음을 차분히 하고 들어보니 그 일로 회사 임원에게 한마디 들은 것 같았다. 하지만 오랫동안 논의했던 내용이라 보도 자료가 나가는 것은 양측이 동의했던 사항이었다. 물론 배포되기 전에 한 번 검토를 요청했다면 좋았겠지만 우리가 약속을 어긴 것은 아니었다. 나는 잘못에 대해서는 인정을 했고 사과했다. 다만 술이 취한 것 같으니 내일 이야기하자며 전화를 먼저 끊었고, 부장은 다음 날 먼저 전화해서 정식으로 사과했다.

당시엔 나 역시 그 부장의 무례한 태도에 화가 났고 같이 소리 지를까 하며 잠시 고민했다. 하지만 내가 쓰고 있는 대표의 가면에 변명이란 없었다. 정황이 어찌 됐든 우리 때문에 상대방이 피해를 봤다면 사과하는 것이 옳다고 생각한다. 그리고 책임은 리더가 져야 한다. 리더는 많은 권한을 누릴 수 있는 만큼 책임은 필수 조건이다. 다만 심한 대우를 당연하게 받는 을의 모습도 내 가면에는 없었기에 다음 날 사과를 받은 것이다. 그 결과 그 기업과 우리는 아직까지도 좋은 제휴 관계로 이어지고 있다.

둘째, '죄송하다'를 남발하지 않기다. 가끔 어린 대표들은 '넵'과 '죄송합니다'를 남발한다. 이는 실무자 시절에 들인 잘못된 대화 습관이다. 물론 대표로서 사과를 해야 할 상황은 자주 발생한다. 실제로 '대표이사'라는 키워드로 빅데이터를 분석해보면 부정적인 키워드로 '공식 사과'라는 단어가 뜬다. 그만큼 사과할 상황이 많다. 하지만 '넵'을 쓰지 않고도 나의 열정을 보일 수 있는 방법은 많으며 '죄송합니다'를 남발하지 않고도 미안함을 보일 수 있는 방법은 많다.

사과의 방식은 최근 무신사가 박종철 열사 희화화 논란에 대처한 사과문을 참고하자. 사과의 정석을 보여준 예로 단순히 사과만 하지 않고 빠르고 진정성 있게 후속 조치를 실행했다. 대표로서 상대방에게 사과해야 할 때는 '죄송합니다'를 반복하기보다는 진정성 있는 표현과 행동을 보여주도록 하자.

마지막으로, 열정 보여주기다. 나는 젊은 대표와 젊은 조직의 장점은 빠른 실행력과 과감한 대응이라고 생각한다. 그리고 작은 일에서부터 그런 열정을 보여줄 수 있다. 나는 미팅이 끝나면 반드시 그날 사무실로 돌아가서 오늘 미팅에서 논의한 내용을 요약하고 우리가 하기로 한 것을 정리해서 메일로 보낸다. 무슨 일이 있어도 당일에 정리해서 보내려고 노력했다. 바로 행동을 시작하는 모습을 보여주면 상대방은 나와 우리 회사를 '작고 어린 회사'가 아니라 '같이 일하고 싶은 회사'로 보게 된다.

창업 극초기 체크리스트

☐ 창업 후 6개월간 매출이 없어도 버틸 수 있는 자금이 준비되어 있나요?

☐ 나에게 진정한 조언을 해줄 멘토 혹은 가이드가 있나요?

☐ 창업 아이템에 대해 피드백을 받았나요?

☐ 창업 멤버는 꾸려졌나요? 각 멤버의 장단점을 체크했나요?

☐ 조직 운영을 위한 최소한의 기준(근무시간, 출퇴근 규칙, 휴식 시간 등)은 만들었나요?

☐ 회사의 비전, 미션을 설정했나요?

☐ 근로기준법을 공부했나요?

☐ 고객사를 만나기 위한 포트폴리오를 만들었나요?

☐ 신뢰를 주기 위해 내 명함에 어떤 내용을 넣었나요?

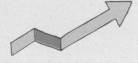

2 ^부

회사의 기초를
탄탄히 만드는 시간

본격적으로 직원과 합을 맞추는 '창업 초기'

INFO

STARTUP

CEO

MAIL

경력보다 중요한
직원과의 '핏'

"이 분야는 제가 전문가예요"

"대표님, 이 분야는 제가 많이 진행했던 분야입니다. 제가 잘 알아요."

이렇게 말하는 직원은 창업 후 1~2년이 지난 시점에 많이 만난다. 창업 초기에는 사업이라 하기 어려울 정도로 프로세스나 조직 형태가 갖춰져 있지 않다. 또한 경력이 있더라도 대부분 지인이거나 주변의 추천 등으로 합류한 직원이고 그 외에는 주니어급이다. 그래서 직원들이 대표 하나만 바라볼 정도로 많이 의지하며 대표에게 상당히 우호적이다.

창업 초기 대표는 회사의 일과 관련된 의사결정을 거의 대부분 혼자 내린다. 그렇게 힘겹게 하나하나 실적을 만들어가고, 매출이 늘어나 외부 투자까지 받게 되면 해야 할 일들이 기하급수적으로 증가한다. 이 시점에 대표는 정말 혼돈 상태에 빠지거나 워커홀릭이 되는데, 진짜 일은 손도 못 대고 잡일만 처리하면서도 24시간이 부족한 느낌을 받는다. 내 경우는 창업 초기부터 해외 진출의 꿈이 있었기에 종종 해외 출장이 있었다. 한번은 저녁에 상하이로 출장갔다가 귀국해서 그다음 날 아침 이스라엘로 출장을 가야 하는 스케줄이었는데 마침 채용 면접까지 봐야 해서 공항으로 면접자를 부른 적도 있었다.

이런 생활이 반복되다가 대표가 아프거나 어쩔 수 없는 상황이 발생하면 회사 전체가 멈춰버린다. 이를 방지하기 위해 보통은 경력자를 채용하거나 외주 업체를 찾는데, 아무래도 마이크로매니지먼트에 익숙한 대표는 가까이에서 자세히 지시를 내리기 어려운 외주 업체보다는 경력자, 즉 전문가를 채용하고자 한다. 그것이 얼마나 어려운 일인지 처음엔 알지 못하고 말이다.

경력이 많다고 언제나 성과를 내는 건 아니다

신입 또는 주니어급이 아닌 전문가라 할 수 있는 경력자를 채용하면 대개 그 분야의 경력 기간은 대표를 훨씬 뛰어넘는다. 그렇기에 면접 때 대표가 해당 분야의 공부를 따로 하고 들어가서 관련 전문 지식을 검증하는 경우가 많다. 기존에 해왔던 일을 중심으로 역량에 관해서만 살펴보고 인성이나 서로 간의 '핏'은 거의 무시한다. 그럴 수밖에 없는 가장 큰 이유는 초기 창업기업에 오겠다는 경력자는 그리 많지 않기 때문이다. 역량만 있다면 인성이나 핏은 맞출 수 있다고 생각한다. 그렇게 힘들게 면접을 본 후 연봉 협상을 하고 첫 출근을 하게 되면 이제 기싸움이 시작된다.

대표는 빨리 혼돈 상태에서 벗어나고 싶어서 자신이 해왔던 일 중 중요한 파트를 그 직원에게 할당하고 성과를 기대한다. 그것도 너무나 급하게. 또한 경력만큼 높은 연봉에 인내심이 바닥난 대표는 주니어 직원에게 해왔던 것처럼 마이크로 매니지먼트를 시도하게 된다. 경력 직원은 자기보다 나이가 어리거나 해당 경력 기간이 훨씬 부족한 대표의 마이크로 매니지먼트를 견디지 못한다. 다만 오랜 사회 경험과 연봉 때문에 대표의 말을 무시하지는 않고 참아보려고 한다. 하지만 고분고분한 팔로워 역할을 하지는 않는다. 경험을 통해 쌓은 실력과 자존심 때문이다.

결국 경력 직원이 대표에게 약간의 반항을 하는 흔한 모습이 연출된다. 대표가 10가지 일을 요청하면 7가지 일에 대해서만 답변하고, A라는 일을 지시하면 C라는 일이 더 중요하다면서 그 일을 먼저 처리한다. 그 직원의 입장도 어느 정도 이해는 된다. 그도 좋은 직장과 괜찮은 경력을 포기하고 창업기업에 합류하는 모험을 선택했기 때문이다.

또한 이직하면 대부분 연봉 인상이 따르는데 어쩌면 기존의 연봉과 동일하거나 적은 연봉을 받고 합류했을 가능성이 높다. 그렇다면 다른 보상과 기대심리를 갖게 되는 것은 당연하다. 특히 회사에서의 위치나 대표에게 받는 인정, 자신의 주장이 회사에 적극 반영되기를 바랄 것이다. 그런데 대표가 마이크로 매니지먼트를 하고 급하게 성과만 바란다면 경력 직원은 불편할 수밖에 없다. 결국 참지 못하고 한마디하고 만다.

"대표님, 이 분야는 제가 전문가예요. 걱정 마세요."

문장만 놓고 보면 상당히 친절하고 믿음직해 보인다. 하지만 이 말의 뜻은, '나는 당신보다 이 일에서 훨씬 많은 경험을 갖고 있으니 참견하지 말고 나에게 좀 맡겨라'라는 것이다. 즉, 대표의 뜻에 동의할 수 없고 자기 방식대로 하겠다는 뜻이며 대표의 방법이 신통찮다는 뜻이다. 이 상황에서 당신이라면 어떻게 하겠는가. 보통 대표들은 화를 내면서 더 강하게 밀고 나가 직원을 굴복시키거나 두고 보자며 일단은 넘어간다.

그 후에는 어떻게 될까? 직원을 굴복시키기 위해 계속 세게 나간다면 그 직원은 자신을 원하는 회사가 없는 것이 아닌 이상 두세 달 안에 퇴사한다. 두고 보자며 넘어가는 경우도 마찬가지다. 대표는 계속 두고 보다간 화병에 걸릴 것 같아서 원래대로 마이크로 매니지먼트를 하게 되고 직원은 퇴사한다.

가끔은 대표가 "그럼 내가 보여줄게요. 내 방식이 옳다는 것을 증명해 보이겠어요"라고 하면서 영업이든 마케팅이든 관련 분야의 실적을 보여주기도 하는데 이 역시 결과는 같다. 그 결과를 본 직원은 자신이 이 조직에서 설 자리가 없음을 느끼고 퇴사한다. 어떤 시도든 결과는 시간, 자원, 비용의 낭비를 초래한다.

면접 때의 직감을 믿어라

나 역시 두 번의 비슷한 실패 경험이 있다. 매출과 수익, 외부 투자금의 유입으로 당시 조직 규모에 비해 많은 인력을 경력자 중심으로 채용했고 그중 일부가 실패로 끝나서 결국에는 독이 되었다. 채용 실패는 조직의 성장에서 나타나는 어두운 단면이라고 할 수 있다.

한번은 영업 경력이 20년 가까이 되고 나보다 나이가 열두 살 더 많은 직원을 채용했다. 면접도 여러 번 진행했다. 역량 면에서는 찾던 사람에 제일 가까웠기에 세 번째 인터뷰에서는 연봉 협상을 하면서 회사 사정과 앞으로의 비전 그리고 지금 감수하는 부분을 향후 어떻게 보상할 것인지를 확실하게 설명하고자 했다. 군더더기 없이 짧게 요약해서 30분 정도면 충분히 전달될 것이라고 생각했는데, 그가 중간에 여러 번 말을 끊는 바람에 인터뷰는 두 시간가량 진행됐고 나는 그와 핏이 안 맞을 수도 있겠다는 불길한 느낌이 들었다.

하지만 조직에 그의 역량이 꼭 필요했기에 불길한 느낌을 지우고 채용을 확정했다. 그의 첫 출근 날 나는 앞에서 언급한 대표들처럼 현재까지 진행했던 일, 앞으로 해야 할 일을 쏟아내듯이 설명했고 그렇게 우리의 협업은 시작되었다.

그는 생각보다 너무 느리게 움직였다. 그리고 중요하지 않은 일과 내가 시키지 않은 일에 집중하는 것 같았다. 그가 쓸데없는 영업비용까지 사용하자 나는 참지 못하고 성과를 재촉했고 결국 그는 모두가 예상하는 그 말을 했다.

"대표님, 이 분야는 제가 전문가예요. 걱정 마세요."

당시 순진했던 나는 이 말에 안도감을 느꼈다. 순간 그가 믿음직스러웠고 고맙기까지 했다. 하지만 그 후에도 똑같은 상황이 반복되었고 나는 그를 굴복시켜야겠다고 다짐했다. 고성이 오가는 말싸움까지 반복되던 어느 날 그 직원은 내게 면담을 신청했다. 본인이 공황장애를 얼마 전부터 겪고 있었고 정신과 약물 치료까지 병행해서 앞으로 회사 생활을 못할 것 같다고, 고향에 땅이 있는데 귀촌 형태로 내려가려 한다면서 퇴사 의사를 밝혔다. 그런데 나중에 알게 된 사실이지만 그는 얼마 안 있다가 다른 회사로 이직했다.

또 다른 실패 사례로, 이 직원은 앞서와 비슷하지만 조금 더 경력이 많았다. 우리보다 규모가 다섯 배 이상인 조직에서 본부 임원까지 했으며 화려한 실적을 냈었다. 게다가 우리 사업 분야의 배경지식과 인사이트까지 갖고 있었기에 빠르게 채용 과정이 진행되었다. 마지막 단계로 전 직장 레퍼런스 체크를 하려 하자 그는 경력과 나이가 있는데 이런 체크를 하는 것이 부끄럽다며 자신을 존중하는 차원에서 건너뛰어 줄 것을 요청했다. 사실 요청보다는 통보나 일방적인 요구에 가깝긴 했다. 이해되지 않는 일이라 좀 의아했지만 역시 동의하고 채용을 확정했다.

그렇게 정말 우리 회사와 맞지 않는 직원을 만났다. 그는 입사 후 한 달 동안 조직 내 모든 팀 리더들과 분쟁을 일으켰으며, 나의 가이드를 무시하고 자기 방식대로 조직을 장악하려 했다. 나는 내 방식이 옳음을 보여주려 했고 그는 자신이 존중받지 못하고 있다고 말하며 퇴사했다. 그의 마지막 말은 대표의 나이가 자기와 이렇게 차이 나는 줄 몰랐다는 것이었다.

S급 인재보다는 '내 사람'을 만들어라

돌아보면 이 경험들은 나의 실패이지, 그들의 잘못이 아니다. 세상에는 다양한 배경과 성향의 사람이 있다. 나의 조직에는 나와 핏이 맞거나 내가 노력해서 핏을 맞출 수 있는 사람을 채용해야 한다. 단순히 업무 역량만 보고 채용하면 이런 일들이 반드시 발생한다. 인력은 '1+1=2'가 절대 아니다. 서류로 볼 때는 S급 직원이 우리 조직과 내게는 D급이 되는 경우도 있고, B급 직원이 S급의 성과를 달성할 때도 있다.

그런데 이미 핏이 맞지 않는 경력 직원을 채용했다면 방법은 두 가지다. 첫째는 관계 형성이다. 관계는 상당히 비선형적인 것으로서 내가 10만큼 노력한다고 절대 10의 결과를 바로 보여주지 않는다. 감당할 수 있다면 '내 사람'이 될 때까지 기다려주고 보살펴주어야 한다. 그러다 보면 언젠가는 나의 기대에 부응하는 직원이 될 수도 있다.

둘째는 빠르게 그 직원과 정리하는 것이다. 이 방법이 서로에게 피해를 덜 주며, 정리할 때 금전적으로나 감정적으로 최대한 대우해주는 것이 후일을 위한 일이다.

만일 경력이 많은 직원을 채용하려고 계획 중이라면 세 가지 방법을 추천하고 싶다.

첫째, 프리랜서나 계약직 형태의 전문가를 찾아라. 이들과의 관계는 당신이 원하는 업무의 성과 또는 결과를 기반으로 하기 때문에 소모적인 기싸움이 발생하지 않는다. 그리고 이렇게 시작된 관계를 잘 이어간다면 향후 내부로 영입도 할 수 있다.

둘째, 지원자와의 핏은 아직 잘 모르지만 어떻게든 채용을 하고 싶다면 수습 기간을 두고 성과 기반의 관리를 하라. 수습 기간 동안 서로를 탐색하고 나서 정식으로 고용 계약을 맺는 것이다. 다만 이 기간 동안 급여나 복리후생은 정식 고용 계약과 차별 없이 제공해야 지원자의 불만을 줄일 수 있다.

셋째, 감을 믿어라. 면접에서 당신과 핏이 맞지 않고 소통이 전혀 안 될 것 같은데도 지원자의 역량과 경험, 나이에 설득당하는 일이 없어야 한다. 대표는 무에서 유를 창조한 '제로 투 원Zero to One'의 경험을 갖고 있다. 그리고 단순히 조직에서 하나의 업무만 수행해본 것이 아닌 사업의 시작부터 수익화까지 달성해본 사람이다.

이런 경험을 해본 사람은 그리 많지 않다. 그러니 당신의 감과 인사이트를 믿고 핏이 맞지 않는다면 고용하지 마라. 퇴사하거나 이직하는 직원들이 종종 세상에 좋은 회사가 참 많다고 하는데, 거꾸로 세상에는 좋은 직원도 참 많다.

기업문화를 만드는
요건들

"사무실이 너무 조용해요"

회사에 신입사원이 들어오면 대개 한 달 안에 일대일로 식사를
하며 면담하곤 했다. 그가 어떤 사람이며 어떤 생각을 갖고 살아
가는지, 우리 회사에 대해서는 어떻게 느끼는지 첫인상 등을 물
어보기 위함이다. 물론 직원과의 면담은 항상 어색하고 불편하기
때문에 이런 분위기를 없애려고 일부러 질문을 많이 하기도 했
다. 대부분 직원들은 대표와의 자리를 아주 불편하게 생각하고
질문에 답변만 하기 때문에, 어린 나이에 창업을 하거나 사회에
서 리더 경험이 없는 창업자는 이 부분이 매우 생소하고 때론 고
될 수 있다.

그래도 사회생활을 5년 이상 해본 직원은 대표가 질문을 하면 서로 이야기를 주고받으면서 대화가 이뤄지는데 사회 초년생들은 주로 묻는 것에 대답만 해서 면담이 다소 어렵다. 계속 묻다 보면 식사 자리인지, 면접 인터뷰인지 헷갈릴 정도다.

사실 티타임이든 식사 자리든 모든 면담은 대표가 질문하는 자리가 아니라 직원의 이야기를 충분히 듣는 자리가 되어야 한다. 따라서 사회 초년생과 식사를 하거나 면담할 때는 그보다 2~3년 선배 또는 나이가 비슷한 기존 직원을 동반시키면 분위기가 조금 편해진다.

그런데 회사 분위기에 대해 질문할 때 많은 신입사원들이 하는 말이 있었다.

"대표님, 사무실이 너무 조용해요."

사실 이 말을 들었을 때 많이 의아했다. 사무실은 일하는 곳이고 각자 업무에 집중하는 곳인데 조용한 게 당연한 것 아닌가. 사회생활을 막 시작한 주니어급의 직원들이야 대학을 갓 졸업하고 왔으니 그럴 수도 있다고 생각했지만 경력 직원들 역시 같은 이야기를 했다.

생각해보니 아무래도 그런 이야기를 한 이유는 입사하기 전 TV 광고 등에서 본 스타트업 또는 벤처회사에 대한 이미지를 떠올려서 그런 것 같았다. 함께 어깨를 두드리며 신나게 일하는 분위기를 상상했다면 충분히 그럴 만했다.

스타트업의 분위기는 항상 다이내믹?

때론 언론이나 영화가 스타트업에 대한 고정관념을 키우기도 한다. 그래서 우리 직원들도 상상했던 분위기와는 다른 차분한 사무실을 보며 조용하다고 표현한 것이다.

나는 일하는 분위기를 말랑말랑하게 만들어보려고, 아주 크지 않게 노래를 틀어두기도 하고 점심시간도 따로 정하지 않았으며 유연근무제를 도입해 오전 10시(기존 출근 시간)를 기준으로 앞뒤 두 시간 범위에서 각자 출근 시간을 선택할 수 있게 했다. 뿐만 아니라 원격 근무 제도를 일단위로 적용해 특별한 사유가 없어도 그날 사무실 이외 곳에서 일하고 싶다면 아침에 전사 메신저에 공유하고 일할 곳을 자유롭게 선택할 수 있게 했다.

하지만 여전히 신입사원과의 면담에서는 사무실이 너무 조용하다는 의견이 나왔다. 곰곰이 생각해보니 그건 사무실의 분위기가 아니라 회사의 분위기, 즉 문화를 뜻하는 것이었다. 그리고 회사의 문화는 대표인 나로부터 시작된다.

나는 내향적인 성향의 사람이다. 혼자 있는 것이 편하고 목적 없는 대화를 선호하지 않으며 다섯 명 이하의 모임을 좋아하고 길고 끈끈한 관계를 선호한다. 그리고 앞에 나서는 것을 즐기지 않지만 리더 욕심은 있다.

그러다 보니 회사에서도 회의 시간, 티타임, 식사 시간을 빼고는 말을 잘 하지 않는다. 하루 종일 외부에서 미팅하면서 많은 말을 하고 오면 더욱 그렇다. 그래서 사무실에서 혼자 일하는 시간에는 꽤 집중하는 편이다. 내가 그러니 직원들 역시 회의 시간, 티타임, 식사 시간 빼고는 조용하게 업무를 처리하고 있었던 것이다. 한번은 영업팀 충원이 필요해서 10년 이상 경력직을 여러 명 채용한 적이 있었는데, 이들은 사무실이 너무 조용해서 전화 통화를 하기가 어렵다고 말하곤 했다.

창업 전 나는 LG와 SK 그룹 두 군데에서 잠시 근무했다. 본격적인 부서 배치를 받기 전에 그룹 연수원에 가서 연수 기간 동안 기업문화를 배운 것이 기억난다. 신입사원 수백 명이 동시에 교육을 받지만 20~30명 그룹을 지어 하는 개별 교육 시간도 있고 거기서 교육생 반장을 선출하는 시간이 있다.

앞에서 일종의 조교 역할을 하는 선배 직원이 반장 지원자를 먼저 묻는데, LG그룹 연수에서는 아무도 손을 들지 않았다. 그런데 SK그룹 연수에서는 전원이 손을 들어 본인이 해보겠다고 했던 게 상당히 놀라웠다.

입사 전 기업문화에 적합한 인재를 선별하는 인적성 검사와 며칠밖에 안 되는 교육의 효과가 이렇게 다른 결과를 만든 것이다. 참고로 LG는 사람을 중요하게 생각하는 '인화人和'라는 경영문화를, SK는 주어진 시간과 가용자원을 고려해 최고의 수준으로 만들 수 있는 가치인 'SUPEX'라는 경영 문화를 갖고 있다.

대기업의 기업문화는 오랜 시간 갈고닦으며 다듬어졌지만 결국 그 시작은 창업자가 추구하는 바였을 것이다. 즉, 회사의 분위기는 창업자의 분위기일 수밖에 없다. 우리 회사의 조용한 분위기도 나의 조용한 성향에 영향을 받은 것이다.

내향적인 리더인가, 외향적인 리더인가

조용한 사무실 분위기, 조용한 기업문화가 안 좋은 것일까? 기업문화는 창업자에게 많은 영향을 받으니 조용한 창업자가 안 좋은 것일까?

수전 케인은 《콰이어트》에서 내향적인 사람에 관해 말한다. 그녀는 내향적인 사람을 사색적인, 지적인, 책벌레, 꾸밈없는, 섬세한, 사려 깊은, 진지한, 숙고하는, 미세한, 내성적인, 내면을 향하는, 부드러운, 차분한, 수수한, 혼자 있기를 좋아하는, 수줍음 많은, 위험을 싫어하는, 얼굴이 두껍지 않은 사람이라고 표현했다. 그리고 외향적인 사람은 활동적인, 원기 왕성한, 말이 많은, 사교적인, 사람을 좋아하는, 흥분을 잘하는, 지배적인, 자기주장이 강한, 적극적인, 위험을 무릅쓰는, 얼굴이 두꺼운, 외부를 향하는, 느긋한, 대담한, 스포트라이트 앞에서 편안한 사람이라고 표현했다.

우리는 흔히 리더십 또는 리더가 되기 위한 자질로 대담하고 위험을 무릅쓰는 외향성을 꼽는다. 하지만 이 역시 언론과 영화가 만든 고정관념이다. 미국인 두세 명 중 한 명은 내향적인 사람이며 엘리너 루스벨트, 앨 고어, 워런 버핏, 간디, 로자 파크스 같은 인물들 역시 내향적인 성격이 장점이 되어 세계적으로 긍정적인 영향을 미쳤다.

창업자이자 창업기업의 대표는 보통의 직장인이 따라갈 수 없는 장점을 최소한 한 가지는 지닌다. 그것은 명석함일 수도 있고, 친화력일 수도 있으며, 문제 해결 능력이나 카리스마, 설득력일 수도 있다. 내 경우는 남들이 한 가지를 준비하고 실행할 때 즉시 행동해서 같은 시간에 10가지를 테스트해보고 두세 가지를 성공시키는 실행력이 남들보다 뛰어난 장점이라고 할 수 있다.

성공하는 창업가의 시나리오는 너무나 다양하기에 그 다양성을 인정하고 자신만의 장점을 살려야 한다. 조용한 기업문화, 내향적인 성향의 리더십 역시 나쁜 것이 아니다. 언제 어떻게 사용하느냐에 따라 강점이 될 수도, 약점이 될 수도 있다. 중요한 것은 다양성을 인정하고 자신만의 강점을 더욱 강화하는 일이다.

만일 당신이 내향적인 리더라면 세심함을 살려 직원의 불만을 잘 해결할 수 있을 것이다. 직원들 역시 다양한 성향을 지녔기에 논리적 대응이 좋은 직원도 있고, 감정적으로 다가서야 마음을 열고 성과와 만족도가 높아지는 직원도 있다. 내향적인 리더는 이런 대응에서 아주 탁월하며, 본능적으로 쉽게 직원의 성향을 읽는다.

나는 창업 3년 차 정도가 되자 직원들의 퇴사 니즈를 읽을 수 있게 되었다. 특정 직원에게 무언가 알 수 없는 쎄함이 느껴지면 한두 달 이내에 퇴사 면담이 들어오곤 했다. 그래서 그런 분위기가 느껴지면 바로 면담을 해서 불만을 들어주거나 팀장을 통해 집중 관리해서 인재 손실을 사전에 막곤 했다.

만일 당신이 외향적인 리더라면 직원들에게 먼저 다가가 그들과의 관계를 돈독하게 만들 수 있다. 외향적인 리더는 분위기를 주도하고 직원들이 한곳을 바라보게 하는 강점이 있기 때문이다.

기업문화는 하루아침에 만들어지지 않는다

기업문화는 하루아침에 만들어지는 게 아니라 직원을 대하는 리더의 태도, 다양한 제도 및 복지가 만들어지고 시간이 흘러 완성된다. 그러니 인내심을 갖고 꾸준하게 만들어가되 다양한 테스트를 해볼 것을 추천한다. 우리가 만들고 있는 회사는 작고 빠른 창업 조직이다. 언제든지 새로운 방법을 테스트해볼 수 있고, 언제든지 다시 없앨 수 있다.

한 예로, 우리 회사는 주 4일제 근무를 도입한 적이 있다. 이를 실행하기 전에 모두 모여 티타임을 하면서 제도에 대한 의견을 들어보고 2주간의 테스트 기간을 가졌다. 그리고 2주 후에 다시 모여 돌아보면서 제도를 개선하거나 중단시키는 식으로 의사결정을 했다. 이것이 직원들과 같이 만들어가는 창업기업의 모습이다. 직원 개개인의 의견이 반영됐으니 새로운 제도에 대한 반감도 적다. 어느 날 당신의 직원이 사무실이 도서관같이 조용하다거나 공사장같이 시끄럽다고 해도 놀라지 마라. 목표에 이르는 길은 정말 다양하다.

대표에게 점심은
단순한 식사가 아니다

"대표님, 식사 안 하세요?"

나에게 점심 식사란 업무의 연장이었다. 평일 중 2~3일은 고객사 또는 파트너와 점심 약속이 있었으니 식사가 아니라 점심 미팅이라 할 수 있었다. 말 그대로 점심 미팅이었기에 밥이 입으로 넘어가는지 코로 넘어가는지가 중요한 게 아니었다. 해결해야 할 이슈를 조금 더 편한 자리에서 이야기한다는 명목 아래 그 시간 동안 상대를 설득하거나 나를 보여줘야 했다.

때론 갑갑하기도 때론 뿌듯하기도 했다. 완벽한 제안서와 프레젠테이션보다 서로 젓가락 부딪쳐가며 가볍게 이야기하는 것이 나을 때도 있었기 때문이다. 그런 점심 약속이 없는 날에는 굳이 밖으로 나가지 않고 사무실에서 일했고, 그러면 근처 자리에 앉아 있는 직원이 와서 물어보곤 했다.

"대표님, 식사 안 하세요?"

이 말을 듣고 나서야 점심시간임을 깨달았다. 그러면 대부분 약속이 있다고 하면서 식사하고 오라고 답했다. 우리 회사는 명목상 12시 반부터 한 시간 정도 점심시간을 정해놨지만 서로 조금 유동적으로 사용하기로 했다. 그래서 사람마다 식사 시간이 조금씩 다르기도 하고, 정말 30분 만에 식사만 하고 바로 일하는 사람도 있으며, 충분히 쉬고 와서 다시 업무를 보는 사람도 있다. 하지만 1시 정도면 모두 사무실에서 나가고 고요한 적막만이 흐른다.

회사가 생존하지 못하면 먹을 수도 마실 수도 없다

내가 업무하는 모습은 이렇다. 아침 9시 반부터 전화와 메일이 쏟아지는 전쟁 같은 오전 시간을 보내고 나서 직원들이 모두 나간 1시가 되면 나는 큰 소리로 전화를 하거나 잠시 크게 노래를 틀고 눈을 감는다. 오후에 어떤 일정이 있는지, 미팅이 있다면 어떤 것을 논의해야 할지 잠시 정리해본다. 대표의 일은 항상 우선순위의 싸움이다. 그래서 중간에 정리를 해주지 않으면 일이 실타래처럼 꼬이기도 한다. 생각이 정리되면 나 자신에게 배가 고픈지, 식사할 것인지 물어본다.

그렇게 점심 식사는 내겐 업무의 연속이자 오후의 일을 준비하는 시간이었다. 다른 대표들은 어떤지 궁금해서 각자 점심 식사가 어떤 의미인지 물어본 적이 있다. 어떤 대표는 타이밍이라고 표현했다. 타이밍이 맞으면 하고 아니면 안 한다고 했다. 대표의 퇴근은 정해진 시간이 아니라 일이 마무리되는 시간이기에 식사는 중요하지 않은 것이다.

어떤 대표는 점심 식사란 본인이 자리를 잡았다는 것을 말해주는 지표라고 했다. 역시 일에 치여서 사람을 만나느라 점심을 건너뛰는 일이 잦다 보니 꼬박꼬박 점심 식사를 챙겨 먹는다는 건 그만큼 회사가 안정되었다는 신호라는 것이다. 사업이 조금 더 안정기에 들어선 대표에게 물어보니 '사람을 만나는 시간'이라고 했다. 역시 일의 연속이다. 점심 식사를 사업 확장 도구로, 내부의 인력 관리 도구로 사용하는 것이다.

이렇게 나 자신과 다른 대표들의 생각을 되새겨보니 새삼 신기했다. 에이브러햄 매슬로Abraham Maslow의 욕구 이론에서는 하위 욕구가 만족되지 않으면 그다음 상위 욕구가 동기부여되지 않는다고 했다. 하지만 이 경험들을 보면 모두 최상위 욕구 때문에 가장 기본적으로 충족되어야 할 1단계 욕구를 건너뛰고 있었다.

창업기업 대표는 자아실현을 위해 기본적인 욕구도 무시할 수 있는 대단한 사람인 걸까. 그게 아니라 실은 1단계 최하위 욕구가 조금 다른 것이다. 대표는 회사가 생존하지 못하면 먹을 수도 없다는 사실을 본능적으로 안다. 그렇기에 점심 식사의 배고픔 따위는 더 원초적인 욕구에 밀린다. 나 역시 그래서 창업 초기에는 신체적인 배고픔을 덜 느꼈던 것 같다.

점심 식사의 진짜 의미

회사의 생존까지는 걱정하지 않아도 되는(이는 대표와 창업자의 몫이다) 직원들에게 점심 식사란 어떤 의미일까. 직장을 다니는 지인들에게 물어보니 크게 두 가지 답변으로 나뉘었다.

첫째, 점심 식사는 업무 중간에 맞는 달콤한 휴식 시간이다. 먹는 즐거움을 주는 시간이자 직장 생활의 유일한 낙이다. 모든 직장인이 창업기업 대표처럼 다이내믹하고 엔트로피가 높은 삶을 사는 게 아니다. 반복되고 정형화된 업무가 훨씬 많다. 점심시간은 그 단조로움을 잠시 깰 수 있는 휴식 시간이기에, 대기업들은 직원 복지를 위해 구내식당에 많은 신경을 쓴다.

둘째, 점심 식사는 의무와도 같다. 오늘은 식당에서 무엇이 나오는지 궁금하기도 하지만, 배가 안 고파도 먹어야 할 것 같고 일과 상사에게서 벗어나기 위해서라도 나가야 하는 시간이다. 일방적으로 메뉴를 결정하거나 일 이야기를 해서 함께 식사하기 싫은 사람 또는 상사와 억지로 밥을 먹어야 하는 피곤한 시간이라는 의견도 다수 있었다. 누구에게나 정도의 차이만 있을 뿐 인간적으로 싫고 피하고 싶은 사람은 있다. 그런데 그 사람과 업무 시간뿐 아니라 점심 식사까지 같이 해야 한다면 정말 끔찍할 것이다.

소셜 분석을 통해 '점심 식사'와 연관되는 단어(점심 식사 언급할 때 사람들이 함께 많이 사용하는 단어)들을 보면 음식 이름도 많지만 회사 임원들(이사, 실장, 부장 등)이 상당수 보인다. 즉, 직원 입장에서 점심 식사란 직장 상사가 주도하는 의무적인 시간으로 여겨질 수 있다. 그런데 대부분의 근로계약서를 보면 점심 식사 시간은 휴게 시간으로 정의돼 있으며 근무시간에 포함되지 않는다. 일을 하거나 급여를 받는 것과 관련 없는 시간이다. 그럼에도 불구하고 많은 직장인에게 점심 식사는 업무의 연장이다. 그러고 보니 대표에게나 직원에게나 점심 식사는 업무의 연장이었다.

그러면 다른 대표들은 어떻게 점심 식사를 해결할까? 창업기업 대표들은 앞서 말한 것처럼 일하다 시간이 남으면 점심 식사를 했는데 대기업은 조금 달랐다. 지인이 대기업 CEO 직속 팀에 있어서 자세히 들었는데 직속 팀의 주요 업무 중 하나가 대표의 점심 식사 스케줄을 정하는 것이다.

대기업의 대표는 임원들과 한두 번, 직속 팀상들과 한 번 그리고 전체 팀들과 계속 돌아가면서 한 번씩 식사를 한다. 역시 이들도 대표의 주요 업무인 인력 관리를 하며 점심시간을 보내는 것이다. 또 작은 조직보다 더 다가가기 힘든 대기업 대표는 이렇게 안 하면 식사를 매번 혼자 할 테니 나름의 배려이기도 하다. 어느 조직이건 대표는 참 외로운 자리다.

나 역시 외부 손님과 주 2~3일 식사를 하고 남은 날은 팀장들과 식사하거나 건너뛰기도 했다. 그러다 30명 정도의 사람들과 일대일로 식사 한 번 안 한 게 좀 너무했나 싶어서 전 직원과 돌아가면서 일대일로 점심 식사를 하기 시작했다. 이렇게 하다 보면 대략 1년에 한두 번 모든 사람과 일대일로 식사를 할 수 있다.

이때는 업무의 어려움부터 개인적인 이야기까지 들을 수 있다. 최근 근황과 취미, 회사에 대해 어떻게 생각하는지, 회사의 방향에 다른 의견은 없는지 등을 들을 수 있는 값진 시간이다. 게다가 모든 직원과 일대일로 식사한다는 것 하나만으로도 조직에 신경을 쓰는 대표라는 인식이 생긴다. 물론 밥이 코로 넘어가는지 입으로 넘어가는지 모르지만 말이다.

누구에게나 소중한 점심시간, 배려가 중요하다

한번은 스타트업의 익명 게시판 같은 서비스에 들어갔는데, 어떤 회사의 직원인지는 모르겠지만 "대표 ××, 점심시간마다 따라다

녀서 체할 것 같아"라는 글을 봤다. 기분은 좋지 않지만 직원의 점심시간과 대표의 점심시간은 다를 수밖에 없기에 일부 이해는 되었다.

그렇게 생각하면 내가 사무실에 있을 때 점심시간에 "대표님, 식사 안 하세요?"라고 챙겨주는 직원이 고맙다. 그에게도 점심 식사는 편하게 쉬고 싶은 시간일 텐데 형식적으로라도 대표에게 물어보는 것이니 당연히 고마워할 수밖에.

특히 창업기업과 스타트업처럼 자유로운 분위기에서는 이런 사람들이 많이 없다. 철저히 개인주의적이며 관리자는 관리 업무를 하는 파트너라고 여긴다.

인원이 더 늘어나기 전에 이렇게 식사해보면 어떨까. 마치 워런 버핏과의 점심 식사처럼 '누구와의 점심 식사'라고 이름도 지어 재밌게 다가가는 것이다. 이렇게 먼저 행동하고 보여주면 직원들도 마음을 좀 더 열 것이다. 그리고 "대표님, 식사 안 하세요?"라고 챙겨주는 직원을 기억하자. 자신의 꿈 같은 휴식 시간을 포기하면서 상대방을 배려하는 사람이다. 그의 배려를 기억하고 따뜻하게 답하면서 배려하면 당신에게 또 다른 따뜻함으로 되돌아올 것이다.

CEO로서의
사내 이미지 메이킹

"전 질 자신이 없어요"

회사 직원들과 1년에 한 번 일을 잠시 멈추고 워크숍을 떠나는데 가능한 한 맛있는 음식과 좋은 장소를 찾아 재충전의 시간을 갖는다. 그러나 정작 직장인이었을 때 끔찍하게도 싫었던 기억 하나가 주말 워크숍이었다. 말 그대로 워크숍이라면서 휴일에 가는 게 이해되지 않았고, 놀자고 간다 해도 왜 회사 사람들과 가야 하는지 이해되지 않았다. 그래서 우리 회사의 워크숍은 무조건 평일에 떠나는 것으로 정했다. 물론 정말 '워크숍'을 진행했다. 놀기만 하지 않고 회사의 장기적인 방향과 현재까지 회고하는 시간을 가졌다.

다행히 이런 취지가 잘 반영되어 모두 만족하는 것 같았고 다음번 워크숍을 기약했다. 오히려 직원들이 먼저 워크숍은 언제 가냐고 물어오기도 했다. 한번은 워크숍에서 저녁 먹고 나서 준비해온 게임을 했다. 워크숍을 준비한 직원이 고안한 게임인데, 우리 중 한 명의 캐릭터를 그리고 자주 하는 말을 써 넣은 그림을 보고 누구인지 맞히는 것이다.

예를 들면 어떤 캐릭터 그림에는 '나도 할래'라고 적혀 있었는데, 이는 평소 모든 일에 관심을 보이던 한 직원을 표현한 것이었다. 그렇게 한 명 한 명 다 같이 맞히면서 서로에 대해 알아가는, 의미 있으면서도 재밌는 게임이었다.

물론 한 번에 맞히는 경우는 드물었고 정답을 알고 나서야 모두들 "아, 진짜 그러네!" 하며 공감했다. 그러던 중에 자신만만한 얼굴을 가진 캐릭터가 나왔다. 이 캐릭터는 '전 질 자신이 없어요'라고 말하고 있었다. 대체 누굴까 하며 고민하고 있는데, 한 직원이 소리쳤다.

"정답은 대표님!"

실제로 정답이었고 모두 웃고 말았다. 내가 그렇게 자신감 넘치는 캐릭터인가 뿌듯하면서도 혹시나 허세 가득한 이미지는 아니었는지 잠깐 고민했던 기억이 난다. 왜 내가 이런 이미지를 갖게 되었을까?

넛지, 부드럽고 가볍게 제안하기

우리 회사 명함에는 각자 한 줄 소개를 담는다. 자신이 가장 많이 하는 말이나 자신을 가장 잘 나타내는 한 줄을 골라 넣는 것이다. 내 명함에는 직책과 이름 밑에 '안 되는 것은 없다'라는 짤막한 문장이 새겨져 있다.

나는 실제로 직원들이 어떤 요청을 할 때 바로 거절한 적이 거의 없다. "생각해보고 방안을 찾아보자", "안 되는 것이 어디 있겠냐"고 답하곤 했다. 고객사들도 "이런 기능이 가능한가요?", "저 작업이 가능한가요?"라고 많이 묻는데 이때도 역시 안 되는 것은 없다고 답한다. 시간과 비용의 차이만 있을 뿐 불가능한 것은 없다고 덧붙이면서 말이다. 그래서 '일단 뭐든지 해보려고 하는, 일 앞에서 굴복하려 하지 않는 자신만만한 대표'의 이미지가 된 것이 아닐까.

자신감 넘치는 대표의 모습은 조직의 분위기에 상당히 중요하다. 최현석 교수의 《인간의 모든 감정》에 따르면 우리의 뇌에는 '거울 신경'이라는 부분이 존재한다. 한 실험에서 연구원이 원숭이가 땅콩을 집을 때 활성화되는 세포의 반응을 측정했다. 그리고 연구원이 땅콩을 집는 것을 원숭이에게 지켜보게 할 때 활성화되는 세포의 반응도 측정했는데 두 반응이 동일했다. 즉, 다른 사람의 행동을 보는 것만으로도 뇌의 신경세포에서 직접 행동한 것처럼 반응이 일어나는데 이를 거울 신경이라 부른다.

조직의 반응도 이 거울 신경과 같다. 사람은 원숭이보다 거울 신경이 더 발달했기에 조직에서 리더가 앞장서서 자신감 넘치게 일을 진행하면 이를 지켜보는 직원의 자신감도 올라간다. 직원의 자신감을 높이는 데 얼마나 많은 에너지와 비용이 필요한지 생각해보면 자신감 넘치는 대표의 모습은 아주 효율적인 동기부여 수단이다. 내가 생각한 아이디어를 실무자가 진행하도록 할 때 논리적인 근거와 명분도 중요하지만 그에게 확신을 심어주는 것이 더욱 중요하다.

게다가 자신감은 대표로서 얼마나 위험 감수를 할 수 있는지를 보여준다. 위험을 알고도 행동하는 것은 누구에게나 쉽지 않다. 하지만 물리학에서 무질서 정도를 뜻하는 '엔트로피'라는 말이 있다. 이를 정보이론 관점에서 보면 엔트로피가 높다는 건 많은 양의 정보가 존재한다는 뜻이다. 즉, 리스크가 높은 것은 기회가 많다고 해석할 수 있다. 창업기업이 성장하려면 필수적으로 위험을 감수해야 하고, 리더는 이를 앞장서서 보여줘야 한다.

회사 매출이 늘고 데스밸리를 지나 순이익이 발생하면 경력직 채용을 고민하게 된다. 여태까지 임시 조직 형태로 필요한 부분만 채워가며 성과를 만들었다면 이제는 더 높은 곳으로 점프하기 위해 역량이 뛰어난 지원이 필요한 것이다. 앞서도 이야기했듯나 역시 많은 경력직 면접을 진행하고 채용했다. 이들은 우리 조직의 비전과 성장 속도를 보고 합류했지만 전 직장에 비해 큰 차이가 나는 매출과 조직 규모에 실망하기도 했다.

혹은 성장에만 몰두하느라 아직 어설픈 업무 프로세스에 놀라기도 했다. 이때 필요한 것이 바로 리더의 자신감이다. 우리는 선택과 집중을 하고 있으며 작은 조직이 아니라 커나가고 있는 조직이라는 사실을 인식시켜야 한다. 성장하는 조직에 대한 확신을 리더가 자신 있게 주장하고 보여줘야 한다.

항상 공격적으로 나서면서 우리에겐 이기는 게임만 있다고 허세를 보이라는 말이 아니다. 그런 거만함은 사람을 지치게 할 뿐이다. 직원에게 신뢰와 확신을 줄 수 있는 리더의 자신감이란 모두가 망설이면서 위험 감수를 피할 때 치고 나가는 역할을 맡는 걸 뜻한다. 군대에서 엔지니어라고 불리는 공병은 전투 시 FILO(선입 후출) 방식으로 움직인다. 가장 먼저 침투하여 다리를 만들어 전체 병력이 적진에 들어갈 수 있게 하고, 전투가 끝나고 병력이 모두 빠져나가면 가장 마지막에 다리를 폭파해서 적의 진입을 차단하는 역할을 한다. 리더도 마찬가지다. 자신 있게 길을 만들어주고 방해 요인을 막아줘야 한다.

물론 연쇄 창업가가 아닌 이상 창업기업의 리더는 난생처음 겪는 상황을 수없이 맞닥뜨린다. 그래서 모두가 두려워하는 상황에서 리더는 많이 당황하고 어려움을 느낀다. 이럴 때는 부드러운 개입을 통해 타인의 선택을 유도하는 것을 뜻하는 '넛지' 방식을 추천한다. 리처드 탈러와 캐스 선스타인의 《넛지》를 보면 환자가 수술 성공 확률이 90퍼센트라고 들었을 경우와 수술 후 죽을 확률이 10퍼센트라고 들었을 경우 대개 후자일 때 수술을 거부한다고 한다. 즉, 옆구리를 슬쩍 찌르듯이 부드럽게 개입하는 방식이 효과가 더 좋다는 뜻이다. 넛지는 동기부여를 해야 하는 리더 입장에서도 훨씬 쉬운 방식이다. 당연히 듣는 사람 입장에서도 압박이 덜하다.

구성원을 안심시키는 리더십

나폴레옹처럼 자신을 따르라고 외치는 리더십이 아니라도 충분히 자신감을 보여주면서 조직을 리드할 수 있다. 내 경우 BEP(손익분기점)를 달성하고 나서 성장을 가속화하기 위한 영업 확장, 추가 수익 모델 검증, 제품 고도화, 신사업 개발, 해외 진출 등 전보다 더 큰 일들이 다가왔다. 이에 나는 《성공하는 기업들의 8가지 습관》에 나오는 BHAG^{Big Hairy Audacious Goal}(크고 대담하며 도전적인 목표)를 정했다. 우리 제품을 세계적인 수준으로 만드는 목표였고 이를 위한 체계적인 계획을 준비해 사람들에게 제시했다.

완벽한 확신은 없었지만 자신 있게 달성할 수 있다고 말하며 조직을 이끌었다. 하지만 너무나 큰 목표는 여태까지 힘겹게 달려온 사람들에게 압박이었고 내게도 많은 부담이 되었다. 꿈에서도 목표를 달성해야 한다는 압박에 시달렸다. 그 결과 생각보다 빠르게 초반 움직임이 나오지 않아서 꽤 고생했던 기억이 난다.

물론 BHAG는 필요하다. 하지만 접근 방식의 문제를 말하고 싶다. 앞서 말했듯이 자신감이란 기꺼이 위험 감수를 하겠다는 리더의 의지인데, 이는 리더가 짊어져야 할 부분이지 직원에게 요구할 부분이 아니다. 큰 목표를 제시하되 이를 10가지 세부 단계로 잘게 나누고 첫 단계는 누가 봐도 가장 달성하기 쉬운 수준으로 설정해보자. 그리고 그것을 넛지 방식으로 슬며시 제시하며 가볍게 해보자고 리드하라.

수많은 프로젝트를 진행하며 이 방식이 가장 효과가 좋았고 직원들에게도 만족스러운 경험으로 남아 있다. 연설하듯 크게 강조하지 않고 가볍게 제시하는 것만으로도 충분히 자신감 넘치는 대표의 이미지를 심어줄 수 있었다.

언젠가 초기 시절부터 함께했던 직원으로부터 내가 어떻게든 결과를 만들 것이라 믿었기에 지금까지 올 수 있었다는 이야기를 들었다. 결과를 만든다는 건 조직이 생존하게 만드는 것이다. 월급이 밀리지 않게 만든다는 것이다. 대표로 살아가는 이상 어떤 상황에서도 결과를 만들고 조직 구성원을 안심시켜야 한다는 것을 기억하자.

그 고객사는 우리와
'진짜' 일하고 싶어할까?

"귀사에도 도움이 될 거예요"

왕복 두 시간이 넘는 거리를 달려가 로비에서 전화한다. 10분 정도 지난 후 내려온 상대방은 일이 바쁜지 슬리퍼를 신은 채로 와서 인사를 건넨다. 그는 우리에게 어디서 왔는지, 여기 오기까지 얼마나 걸렸는지도 묻지 않고 엘리베이터를 타고 회의실로 안내한다. 관련 실무자들이 들어와 회의실을 꽉 채우고 우리는 형식적으로 서로 명함을 주고받는다. 나는 받은 명함 중에 제일 직급이 높은 사람을 보고 이 미팅에서 결론이 나올 수 있을지를 가늠한다. 다시 말해 상대방의 직급을 보고 그가 의사결정권을 갖고 있는지 상상해본다.

그들은 만나자마자 한 시간이 넘게 그들의 회사에 필요한 것을 일방적으로 읊어댄다. 회사에서 이런저런 프로젝트를 하고 있고 여기에 어떤 기술과 서비스가 필요한지, 이것이 그들에게 얼마나 중요한지 쉬지 않고 이야기한다.

나와 영업팀장(혹은 사업개발팀장)은 상대방의 요구 사항을 잘못 이해하지 않으려고 몇 번 되묻지만 계속 왔다 갔다 횡설수설이다. 그리고 나서 최종적으로 비용에 관해 묻더니, 잠시 뜸을 들이다가 '제휴'라는 멋진 이름으로 포장한 '협찬' 가능 여부를 묻는다. 그리고 꼭 이런 말을 덧붙인다.

"귀사에도 상당히 도움이 될 거예요."

정말 어처구니가 없다. 하지만 이것이 창업기업을 운영하면서 만나게 되는 기업 고객들 절반 이상의 모습이다.

물론 예의 바르고 효율적인 커뮤니케이션에 능한 고객사도 다수 존재한다. 우리에게 사무실이 어디인지 먼저 묻고 첫 미팅은 그들이 방문할 테니 다음 미팅에서 우리가 방문해달라고 요청하는 합리적인 사람들도 있다. 하지만 여전히 막무가내식으로 나오는 사람들도 많다. 합리적인 예산만 갖고 있다면야 어떻게 요청해도 전혀 문제없다. 이는 돈을 지불하는 고객, 즉 소비자의 당연한 권리다. 그러나 막무가내로 협찬을 요구하면 참 곤란하다.

B2B 협상, 잊지 말아야 할 것

창업기업이 기업 고객을 대상으로 하는 B2B 사업이 아니라 일반 개인을 대상으로 하는 B2C 사업이라면 이런 경험은 드물 것이다. 하지만 B2C는 초반을 잘 견뎌내야만 급격하게 성장한다. 그에 비해 B2B는 다소 큼지막한 매출로 계단식 성장을 해서 예측이나 운영이 다소 용이하다. 둘 다 각자의 장단점이 있다.

나는 B2B 사업을 운영하면서 초반에는 고객사와의 만남이 신나고 신기했다. 어떻게 우리를 알고 연락하는지, 우리의 가치를 어느 정도로 산정하는지 흥미로웠다. 모든 것이 협상이었고 설득의 자리였다. 각자 자신의 이익을 극대로 추구하는 것은 당연하다. 하지만 너무 무리한 요구나 무상 협찬 제안은 상대방의 가치를 '0'으로 보는 것이기에 그럴 땐 이렇게 말하곤 했다.

"○○님, 제가 여기서 이렇게 착하게 다 받아들이면 저희 회사 직원들이 피눈물 흘립니다."

한번은 유명 언론사의 기자가 회사로 전화해서 급한 이슈로 나를 찾는다고 했다. 무슨 일인가 해서 연락을 해봤더니 당시 국민 모두가 주목하는 사건에 대한 데이터 분석을 해달라는 것이었다. 결과물을 원하는 시점은 말도 안 되게 촉박했다. 작업을 위해 요구 사항 분석과 범위를 몇 차례 의견 조율을 통해 확정 짓고 프로젝트 비용에 대해 이야기를 꺼냈다. 그런데 그 기자는 당연하다는 듯이 무상 협찬을 요구해왔다. 기사가 나가면 회사의 홍보에 많은 도움이 될 거라면서 선심 쓰듯이 나오는 게 아닌가.

결국 프로젝트를 하지 않기로 했다. 그 후로는 언론사에서 작업이나 솔루션 사용 의뢰가 들어오면 반드시 예산부터 묻는다. 사실 아무것도 모르는 상태에서 요즘 핫한 기술 한번 써봐야지 하며 접근하는 고객사는 정말 난감하다. 기술을 사용할 때 필요한 기본적인 과정에 대한 이해가 전혀 없기에 처음 요구 사항 분석에 다소 많은 시간을 투자해야 한다. 그런데 이후 비용 논의를 하면 무상 협찬을 요구해와 그간 들인 시간이 아깝게 사라지는 일이 잦았다.

어떤 SI^{System Integration}(기업 고객을 대상으로 IT 시스템을 개발하고 운영해주는 회사) 회사를 운영하는 대표님과 공동 프로젝트를 한 적이 있었다. 그는 일을 의뢰한 기업 고객의 담당자를 항상 '고객'이라고 불렀다. 예를 들면 "ABC 기업의 김 차장"이라고 말하지 않고 "고객과 오늘 미팅을 했는데, 고객이 이런 요청을 했어요"라고 말하는 것이다. 그래서 왜 담당자 이름과 직급이 아닌 고객이라고 부르는지 물었더니, 꿈에서라도 실수로 욕했을 때 상대방이 누군지 모르게 하기 위함이라고 했다. 정말 진상 고객을 많이 겪어본 것 같아 씁쓸했다.

물론 언론사라고 다 그런 것은 아니다. 함께 일했던 몇몇 신문사는 일반 사기업보다 훨씬 스마트한 일처리와 소통 방식을 갖고 있다. 그들의 전문 영역과 우리 회사의 기술 영역을 명확히 인지

해서 정말 전문가를 잘 활용했다. 물론 언론사 특성상 기사 하나에 투입 가능한 자금이 많지 않기에 예산이 항상 문제긴 했다.

자신의 성과급을 개인적으로 투자해서까지 프로젝트의 질을 높이려고 노력한 기자도 있었다. 그렇게까지 하는데 어떻게 제값을 다 받아야만 할 수 있겠다고 하겠는가. 우리도 일부 희생했지만 좋은 결과물에 뿌듯했던 기억이 난다.

또 다른 사례는 모 공공기관과의 프로젝트였다. 역시 급하게 연락이 왔고 너무 무리한 스케줄을 요청했다. 당장 일부 직원들이 휴일을 반납하고 일해야 맞출 수 있는 상황이었다. 다만 그 공공기관 담당자는 급한 것을 고려해 비용은 충분히 지불하겠다고 호언장담하며 우리를 재촉했다. 결국 우리 회사 직원 일부가 주말 밤샘까지 해서 결과물 초안을 월요일 오전에 담당자에게 무사히 보냈다. 그리고 추가 수정 작업과 대금 청구를 위해 담당자에게 연락했는데 하루 종일 연락이 되지 않았다.

결국 저녁 늦게야 통화가 됐는데, 그 담당자는 미안한 기색 하나 없이 프로젝트가 드롭되었다고 했다. 나는 이미 작업을 1차 완료했으니 비용은 문제없이 지급되겠느냐고 물었더니, 도리어 황당하다는 듯이 드롭되었으니 비용 지급도 불가능하다고 했다. 그러면서 회사의 역량 강화 연습했다고 생각하라며 서둘러 끊어버리는 몰상식의 끝을 보여줬다. 소송이라도 할까 생각했지만 이내 마음을 진정시켰다. 그리고 고생했던 직원들을 챙기며 주말에 고생한 만큼 유급 휴일을 제공했다.

앞선 사례의 기자와 이 공공기관 담당자는 정말 기본 이하의 상식을 갖고 있는 사람일까? 아니다. 지극히 평범한 직장인들이다. 그들은 그들의 조직에 우선순위를 두고 조직의 결정에 충성한 것이지만 예의가 조금 없었을 뿐이다. 그리고 이런 결과를 가져온 것은 전적으로 나의 잘못이다. 대표자는 계약 체결, 비용 지급 등을 명확히 확인하고 내부에 업무 지시를 해야 한다. 이를 제대로 못 챙기고 일부터 시작한 나의 실수인 것이다. 나도 이런 경험 덕분에 사업을 할수록 뒤통수 맞거나 손해 보는 일을 많이 줄일 수 있었다.

적대감보다는 공감의 시선이 현명하다

그렇다면 협찬 형태로 회사의 제품과 서비스를 무상 제공하는 것을 무조건 거부해야 할까? 아니면 정말 도움이 될 때도 있을까? 무상 협찬을 요구하는 상대는 주로 회사의 홍보나 경험에 도움이 될 것이라고 말한다.

실제로 초기 창업기업은 레퍼런스가 거의 없기에 주요 고객사와 계약을 체결하는 것이 꽤 어렵다. 대기업이나 큰 규모의 기관에서는 우리가 전에 비슷한 규모의 회사와 일한 적이 있는지를 많이 살펴본다. 당연한 일이다. 초기 기업은 정량적인 수치라고 할 수 있는 회사의 규모나 재무 상태가 불안해 보일 수밖에 없다. 그러니 정성적인 레퍼런스로라도 우리 회사와 계약할 수 있는 명분을 찾는 것이다.

또한 주요 레퍼런스는 다른 큰 규모의 고객사를 데려와 마치 B2C 사업의 바이럴 마케팅viral marketing과 같은 효과를 낸다. 기업들은 항상 경쟁사나 산업 리서치를 하고 있기에 우리가 성공적으로 큰 규모의 기업/기관과 프로젝트를 끝내면 이것이 그들의 눈에 띄고 결국 계약으로까지 이어진다. 즉, 주요 레퍼런스 확보 차원에서 제휴는 초기 창업기업이 사용할 수 있는 좋은 전략 중 하나다. 하지만 절대로 다다익선이 아님을 말하고 싶다.

우리가 성공했던 제휴는 전부 우리가 먼저 제안했던 것들이었다. 일단 해당 산업의 리딩 컴퍼니 또는 우리의 고객군을 이미 확보하고 있는 보완 관계에 있는 회사 등을 철저하게 분석하여 판단한다. 그리고 양측의 윈윈 전략을 도출하고 이를 바탕으로 그들에게 우리 제품을 제휴 형태로 써볼 것을 먼저 제안했다. 단순히 유명한 기업이나 많이 홍보될 만한 브랜드라고 해서 상대방의 요구대로 제휴를 제공하면 99퍼센트 실패하거나 결과적으로 우리가 얻는 것이 별로 없었다.

가끔 올해는 예산 소진 때문에 구매하지 못하지만 내년에는 구매할 테니 무상 형태로 제공해달라고 하는 경우도 있다. 만일

100퍼센트 확정된 사실이고 그들이 주요 고객이 될 만하다면 나쁘지 않은 제안이다. 하지만 담당자 변경, 사업 전략 변화, 예산 축소 등을 이유로 내년도 계획에서 빠지는 경우도 적지 않다. 오히려 올해 유상으로 사용해야 내년에도 유상으로 구매할 확률이 높다. 내년도 예산 계획의 명분이 되기 때문이다.

따라서 이런 경우 제안을 수락하려 한다면 아예 파트너십을 체결하고 이를 보도 자료로 만들어 언론에 대대적으로 공개하는 것이 좋다. 그래야 마케팅 효과라도 누릴 수 있다. 또는 내년에 구매하겠다는 말을 구매의향서를 통해 도장을 받아두는 것이 제일 좋다. 여의치 않으면 메일에라도 남겨둬야 한다.

사업을 하다 보면 항상 협상의 연속이다. 특히 외부 고객사의 무리한 요구에 대한 협상은 정답이 없다. 하지만 경험상 맞서 싸우든가, 나를 낮추든가, 아니면 무시하든가, 이 셋 중에 하나를 확실히 하는 게 좋다고 생각한다. 싸울 대상에게 쓸데없이 고개를 숙이다 갑질을 당할 수도 있다.

가끔은 우리를 낮춰서라도 가져가야 할 관계인데 싸우다 기회를 놓치는 경우도 있다. 또는 아예 무시해야 할 대상과 협상하다 시간과 비용만 소모해버리는 아까운 경우도 존재한다. 중요한 것은 '공감'이다. 나의 시선이 아니라 상대방의 시선으로 사안을 바라보는 것이다. 그러면 상대방의 제안이 진짜 우리에게 도움이 될지 아닐지 파악할 수 있을 것이다.

동기, 부여하지 말고
찾아주어라

'회고'를 통한 직원들의 생각 엿보기

요즘 창업기업에서는 '개발'이라는 단어만큼 '회고'라는 단어를 많이 사용한다. 제품 회고, 프로젝트 회고, 팀 회고 등 언젠가부터 회고는 스타트업이 반드시 해야 할 행동으로 자리 잡았다. 잘나가는 창업기업 리더라면 꼭 실행해야 할 것 같은 중대한 일인 것 같지만 사실 의미를 알고 보면 그렇지 않다.

사전적 의미를 찾아보면 회고는 '지나간 일을 돌이켜 생각함'이라는, 우리가 알고 있는 흔한 의미다. 다만 기민하고 좋은 것을 빠르게 낭비 없이 만드는 애자일Agile 방법론과 시장에 대한 가정을 테스트하기 위해 빠른 프로토타입을 만들도록 권하는 린 스타트업Lean Startup 방법론이 부상하면서 회고가 스타트업의 필수 과정이 된 것이다.

에스더 더비의 《애자일 회고》를 보면 회고를 위한 목표, 구조, 사전 준비 방법, 규칙을 비롯해 회고 기간 동안 해야 할 질문과 방법까지 아주 자세히 나와 있다. 회고는 팀과 프로젝트 관리의 만병통치약은 아니지만 꽤 좋은 효과를 내기에 자기 조직에 알맞게 설계해서 적용해보면 좋을 것이다. 더불어 대표로서 '나도 우리 구성원들의 목소리를 듣기 위해 노력하고 있다'는 인상까지 주니 나쁠 게 없다.

회고를 진행할 때는 지난 시간 동안 이룬 각자의 성과와 들었던 생각 등을 자유롭게 말해야 한다. 이를 위해 몇 가지 유용한 툴이 있다. 주요 사건들을 돌아보는 관점을 제시하는 5F는 사실Fact, 느낌Feeling, 교훈Finding, 향후 행동Future action, 피드백Feedback으로 회고를 구분한다.

ESVP는 회고에 임하는 구성원들의 자세를 이해하기 위한 툴로 익스플로러Explorer, 쇼퍼Shopper, 베이케이셔너Vacationer, 프리즈너Prisoner 중 자신은 어떤 경우에 해당하는지 익명으로 투표하는 방식이다. 회고 회의 전후에 이 투표를 진행하면 전체 회의의 콘셉트를 조절하거나 향후 회의를 보완할 수 있다. 회고를 주관하는 사람은 대개 대표나 팀장이기에 익명으로 구성원들의 솔직한 상태와 감정을 파악하는 것이 좋다.

- **익스플로러**: 팀과 함께 아이디어와 주제를 배우고 탐구하고 싶다.
- **쇼퍼**: 이 회의에서 나오는 정보를 둘러보며 유용한 아이디어를 찾고 싶다.
- **베이케이셔너**: 회의에 깊이 참여하고 싶지 않지만 일상 업무에서 벗어나 기쁘다.
- **프리즈너**: 억지로 회의에 잡혀 있는 기분이라서 원래 하던 일이나 하고 싶다.

　나 역시 월간 회고, 프로젝트 회고, 연간 회고 등 회의에서 익명으로 구성원들의 의견을 듣곤 했다. 예상했던 내용부터 앞으로의 업무 방향성을 설정하거나 구성원 관리를 위해 도움 되는 내용까지 유용한 정보가 꽤 많이 도출됐다. 물론 무시해버리고 싶은 내용도 있다. 대표적으로는 '동기부여가 안 됩니다', '회사의 방향을 모르겠습니다', '회사가 무슨 일을 하고 어떤 방향성을 갖고 있는지 헷갈립니다' 등이 있다. 이런 의견들이 나쁘다는 뜻이 아니다. 충분히 말할 수 있으며 그렇기에 익명으로 의견을 수집한 것이다.

　다만 대표 입장에서는 속이 타들어갈 것 같다. 조선 시대 왕처럼 독단적으로 찍어 누르는 것도 아니고, 급여 수준이 초기 창업 기업처럼 열정 페이를 요구하는 수준도 아니다. 나름대로 복지와 문화에 신경 쓰며 회사의 비전과 계획도 공유한다. 하지만 익명으로 설문 조사를 하면 동기부여에 관한 내용이 항상 10~20퍼센트는 나온다. 기민하게 조직의 속도를 조절해야 하는 대표가 대부분의 시간을 직원의 동기부여에 들여야 하는 걸까. 일분일초에도 엄청난 기회비용이 따르는 창업기업의 대표에게 정답은 과연 무엇일까?

사실 정답은 없다. 선택의 문제다. 동기부여에 갈증을 느끼는 10~20퍼센트에 나의 에너지를 쓸 것인지, 아니면 내버려둘 것인지 선택하면 된다. 내버려두는 것이 꼭 나쁘지만은 않다. 전체적으로 보면 이미 80~90퍼센트가 만족하고 있고 창업기업은 이러나저러나 퇴사율이 높기 때문이다.

두 가지 모두 장단점이 있다. 물론 HR 담당 직원 또는 팀이 있다면 이 10~20퍼센트를 어느 정도 낮출 수 있다. 하지만 대표가 신경 쓰지 않는 이벤트와 시도는 근본적으로 문제를 해결할 수 없으며 곧 제자리로 돌아온다. 그렇기에 반드시 어느 한 가지 자세를 고정적으로 취하기보다는 상황에 따라 더 중요한 쪽을 선택하는 것이 좋다.

일과 삶의 균형보다는 조화를 추구하라

동기부여에 관해 고민한다면 가장 먼저 일의 의미부터 살펴보자. 내게 일의 의미는 나를 표현하는 최고의 도구였다. 자신을 표현하는 도구에는 외모도 있고 성격도 있으며 목소리도 있다. 내게는 나를 표현할 수 있는 최고의 표현 수단이 일이었다. 나의 의지와 능력으로 결과물을 만드는 일에 자아실현과 성격 등 모든 것이 들어 있다. 그래서 의미 있는 일 자체가 내게는 자동으로 동기부여가 되며 반대로 의미 없는 일은 지옥과 같다. 이런 성향 때문에 창업을 하게 되지 않았을까 하는 생각도 든다.

한때 워라밸이 유행했고 지금도 젊은 직장인에게는 최우선의 가치다. 하지만 개인적으로는 이 단어를 좋아하지 않는다. 마치 나의 인생을 일과 삶 둘 중 하나로 나누고 삶이 적게 차지한다면 우울한 인생이라고 말하는 것만 같다. 오히려 나는 거꾸로, 워라밸을 주장하는 사람들에게 칼같이 일을 삶에서 도려내고 남은 시간을 얼마나 의미 있게 사용하고 있느냐고 묻고 싶다.

아마존의 CEO 제프 베조스Jeff Bezos 역시 본인은 워라밸을 지지하지 않는다고 말했다. 워라밸이라는 단어 자체가 한쪽을 추구할 경우 마치 다른 쪽을 희생해야 하는 거래 관계처럼 표현하고 있기 때문이라는 것이다. 그래서 그는 '워크 라이프 하모니Work Life Harmony'를 추구해야 한다고 한다. 정확히 나의 생각을 표현하는 단어다.

일과 삶을 양분하고 삶에 대한 부분만을 중요하게 생각한다면 하루의 가장 많은 시간을 소비하는 직장에서의 시간은 얼마나 우울한가. 일과 삶은 조화를 이뤄야 한다. 일에서 좋은 성과를 내면 이것이 삶의 원동력이 될 수 있고, 삶에서 행복을 느끼면 이로써 일을 열심히 할 원동력을 얻을 수 있다.

대표가 본인만이 아니라 구성원들의 일과 삶의 조화에도 신경 쓰는 것이 바로 최고의 동기부여 방법이라고 생각한다. 그러려면 명확한 목표와 이를 달성하기 위한 유기적인 작은 목표들이 존재해야 한다. 구성원 개개인의 시간을 소모만 하는 것이 아니라 개인의 역량 개발과도 연결되는 그림을 그려줘야 한다. 근무시간이 많고 쉬지 못한다고 개인이 소모된다는 뜻이 아니다. 역량이 개발되느냐, 소진되고 끝나느냐가 중요하다.

대표는 구성원들과의 일대일 면담 또는 티타임 시간에 꾸준히 그들의 역량 개발을 고민해야 한다. 그러려면 주말에 뭐했는지 같은 질문보다는 요즘 하고 있는 업무에서 시간적 여유가 있다면 더 배우거나 경험해보고 싶은 것이 있는지 물어보면 좋다. 또는 거꾸로 회사에 필요한 역량을 구성원이 습득했을 때 회사와 개인에게 어떤 효과가 있는지 설명하면서 그 역량을 키우도록 설득하는 것도 좋다.

만일 회사가 커지고 인원이 많아졌다면 일일이 물어보기는 어려울 수도 있다. 이럴 때 팀장, 중간관리자가 필요하다. 그들과 함께 고민한다면 많은 시간을 절약할 수 있다.

동기는 부여하는 것이 아니라 찾는 것

구성원들이 자기 일의 의미를 명확하게 정의하고 발전시키도록 하는 것이 창업기업 대표가 할 수 있는 최선의 동기부여 방법이라고 생각한다. 물론 그 외 다른 방법들도 있다. 인센티브 제공, 비전 공유, 수평적 문화, 인간적인 매력 등이다. 다만 인센티브에 금전적인 보상만 포함하기보다는 일의 특성과 개인적인 취향을 반영해 섬세하게 설계하면 더욱 효과가 좋다.

인센티브 제공 같은 금전적 보상으로만 보상 체계를 구성하면 자칫 독이 될 수도 있는데, 구성원 간의 사일로 효과organizational silos effect(내부 팀끼리 서로 협력하지 않고 각자의 이익만을 추구하는 부서 이기주의 현상)가 초래되기도 한다. 나 역시 인센티브 시스템을 도입했다가 실패하고 결국 일부 영업팀에만 적용한 적이 있었다.

비전 공유와 수평적 문화는 구성원들에게 주인의식을 부여하고 투명한 조직이라는 긍정적인 이미지를 심어줄 수 있다. 하지만 이 역시 과하면 조직이 아니라 동아리가 돼버린다. 이런 측면에서 배달의민족의 '실행은 수직적, 문화는 수평적'이라는 기업 문화는 참고할 만하다.

또한 인간적인 매력도 좋은 동기부여 방법이다. 누구나 인간적으로 매력적인 사람과 일하고 싶어 한다. 대표가 카리스마가 있거나 인간적이거나 공평하거나 같은 특정 매력이 강하다면 분명 좋은 동기부여로 작용할 수 있다. 어떤 매력을 보일지는 자신의 장점을 극대화하는 쪽으로 개발해보면 좋다.

단, 인센티브 제공, 비전 공유, 수평 문화, 인간적인 매력 등은 부수적인 수단이다. 결국에는 일의 의미를 찾도록 해야 한다. 일의 의미를 찾지 못한 사람에게 곁가지 수단만 제공해봤자 금방 사그라질 뿐이다. 마치 뇌사 상태에 빠진 사람에게 생명유지장치만 해놓고 깨어나길 바라는 것과 같다.

요즘 주목받고 있는 인공지능과 머신러닝에서 반드시 알아야 할 수학 공식이 하나 있다. 'Y=wX+b'라는 공식이다. 아무리 높은 w와 b 값을 세팅하더라도 제대로 된 X가 없다면 Y의 결과값은 좋을 수 없다. 여기서 X는 일의 의미라 할 수 있다. 그래서 동기부여의 '부여'는 'grant(내려주는 것)' 또는 'give(주는 것)'가 아니라 'find(찾는 것)'라고 생각한다.

대표는 구성원의 동기를 찾아줘야 한다. 완전히 새로운 동기를 만들어줄 순 없다. 다만 찾아주기 위해 주어진 환경에서 최선을 다할 수는 있다. 구성원들의 삶에까지 좋은 에너지를 전달할 수 있는 일 그리고 나아가 조직의 목표에도 도움이 되는 일을 찾아주자. 물론 모든 일을 다 하지 않아도 된다. 가지고 있는 레버리지를 모두 활용하라. 동기를 부여하려 하지 말고 스스로 발견하도록 옆에서 도와주는 사람이 되자.

☐ 채용 시 걸러야 하는 직원 유형 다섯 가지를 만들어보세요.

☐ 당신이 추구하는 기업문화를 작성해보세요.

☐ 점심 시간은 어떻게 활용할 것인가요?

☐ BHAG(Big Hairy Audacious Goal, 크고 대담하며 도전적인 목표)는 무엇인가요?

☐ 무상 협찬 요구에 대한 대응 방법을 정했나요?

☐ 당신의 회사와 유사한 곳에 투자한 VC를 알고 있나요?

☐ 직원의 동기를 찾기 위한 당신만의 노하우를 갖고 있나요?

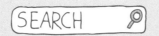

3부

성숙한 조직 운영을 위한
실속 조언

명확한 업무분장과 규칙을 정립하는 '창업 중기'

01

소통은 함께,
결정은 혼자 하라

"그럼 돈을 더 주세요"

하루는 개발팀장이 면담 신청을 해서 커피를 마시게 되었다. 얼마 전 회사가 10억 원가량의 외부 자금을 투자받았던 시기였다. 모두가 상당히 공들인 신제품 출시 준비를 하던 때였고, 특히 개발팀은 눈코 뜰 새 없이 분주했다. 출시에 따른 제품 스펙을 계속 수정 및 보완하는 과정이라 개발팀 직원들의 업무가 자주 변경되곤 했다.

그런데 얼마 전 개발팀의 선임 웹개발자 직원이 퇴사해서 대체 인력을 채용하게 되었다. 채용한 신입사원에게는 다른 일을 맡기고, 퇴사한 직원의 후임이었던 직원이 해당 프로젝트를 이끌기로 했다. 경력이 있더라도 막 입사한 신입사원은 적응 기간이 필요할 테니 기존 히스토리를 잘 알고 있는 후임 직원이 선임이었던 퇴사 직원의 일을 맡는 것이 좋겠다고 개발팀장과 나는 동의했고, 그렇게 팀 운영을 변경하기로 확정했다.

이 상황에서 개발팀장이 면담을 요청하는 걸 보니 변경하려는 사항을 팀 내에 전한 후 문제가 생긴 것 같았다. 개발팀장은 후임이었던 직원이 "일에 대한 책임이 달라졌으니, 그럼 돈을 더 주세요"라고 했다며 그 직원의 연봉 인상 가능 여부를 상담해야 할 것 같다고 말했다.

사실 이런 일은 작은 창업기업에서 자주 있는 일이다. 창업기업은 제품부터 업무 프로세스, 복지, 보상과 페널티 등의 사내 규정을 하나씩 만들어가는 과정에 있기 때문이다. 특히 경영진과 직원의 나이 차도 얼마 나지 않아서 직원의 요구 사항이 상당히 직설적이고 예상치 못한 것이 많다. 그리고 보통의 큰 조직에서는 접하기 어려운 사례들, 예를 들면 젊은 직원들 사이의 사소한 싸움이나 연애 등도 이슈가 된다.

나는 개발팀장에게 부사수였던 직원의 연봉 인상은 불가능하다고 답했다. 만일 당신이라면 어떻게 하겠는가.

스타트업의 R&R, 변수에 대비하라

스타트업에서 자주 사용하는 단어 중 하나가 바로 R&R^{Role and Responsibilities}이다. 이는 조직 내부에서 구성원 각자가 맡은 역할과 그에 따른 책임을 말하는 용어로 다음과 같이 사용한다.

"이번 신규 프로젝트에서 ○○님의 R&R은 경쟁사 리서치 및 팀 구성원 전파고요, △△님의 R&R은 규제나 제약 조건에 관한 부분 체크입니다."

간단하게 말하면 R&R은 업무 분장이라고도 할 수 있다. 그렇지만 업무뿐만 아니라 초기 창업기업같이 경영지원팀이 없거나 아주 규모가 작은 경우 총무가 처리해야 할 일도 전사적으로 R&R을 정해서 함께 처리한다. 예를 들면 A 직원은 도서 신청, B 직원은 생일 및 이벤트 담당, C 직원은 전사 회의 준비 등을 맡는 식이다.

창업기업에서 R&R은 상당히 중요한데, 모든 직원의 R&R이 합쳐져야 조직이 문제없이 돌아가기 때문이다. 그리고 단어의 뜻처럼 역할과 책임은 직원의 많은 것을 결정한다. 즉, R&R이 달라지면 회사 내의 위치와 대우(연봉과 복지)도 달라져야 한다.

하지만 앞서 개발팀의 경우 해당 직원의 R&R이 바뀐 게 아니었다. 일의 종류가 달라졌을 뿐 역할과 책임이 달라진 것이 아니다. 그 직원은 이전에도 웹개발자였고, 이후에도 웹개발자로서 다루는 제품 또한 같았다. 본인이 어떤 팀을 이끄는 리더 역할을 맡거나 책임이 늘어난 게 아니었다. 업무와 일에 대한 책임은 리더가 져야 한다. 개발 업무에 관한 책임은 개발팀 소속 팀원들이 아니라 개발팀장에게 있는 것이며, 회사에서 일어나는 크고 작은 문제들의 책임은 직원이 아니라 대표에게 있는 것처럼 말이다. 물론 직원 입장에서는 일의 양이 늘어났을 것이고 후임이었다가 선임이 되었으니 부담이 되긴 했을 것이다.

하지만 여기서는 일을 주도적으로 해야 하는가, 덜 주도적으로 일해도 되는가의 문제였다. 그래서 특별한 성과를 낸 경우를 제외하곤 R&R이 변경되지 않는 한 연봉 인상은 불가능하다는 원칙에 따라 결론을 냈다. 조금 더 솔직히 말하면, 만일 업무가 줄어들 경우라면 연봉 삭감도 받아들일 수 있을까? 프리랜서도 아니고 정규직으로 일하고 있는데 업무가 늘어났다고 바로 연봉 인상을 요청하는 것은 용납하기 어려웠다. 물론 연봉이나 보상에 대한 욕심보다는 일에 대한 부담에 이런 요구를 하게 된 것이라고 생각하기는 했다.

사실 이런 부분 때문에 기술 기반 주력 제품을 보유한 회사 또는 개발팀이 존재하는 회사에서는 대표 또는 의사결정자들이 개발자를 채용할 때 석사 이상의 대학원 출신을 선호하는 경향이 있다. 절대로 대학원 출신이 학부 졸업자에 비해 실력이 뛰어나다는 게 아니다.

오히려 같은 경력인 경우 최소 2~5년 이상 대학원에서 학문만 접한 직원보다 학부를 졸업하고 다양한 실무를 경험한 직원이 훨씬 좋은 성과를 내거나 일을 빠르게 진행하는 경우도 많다. 다만 대학원 졸업자의 장점은 문제 해결 방법을 스스로 찾을 수 있다는 것이다.

보통 학부 과정에서는 전공에 관한 배경지식과 스킬, 즉 문제 해결 과정을 잘 수행하는 법을 배운다. 그리고 석사 과정은 전공 세부 분야 중 하나를 잡아 더 공부하면서 문제 해결 방법을 스스로 정의하고 찾는 방법을 연습하고 학습한다. 이후 박사 과정까지 가면 문제 자체를 스스로 정의하는 법을 학습한다. 그래서 대학원 졸업자 직원은 업무를 처리할 때 혼자서 이런저런 방법을 시도하며 문제 해결을 하는 편이다.

앞서 그 후임 개발자의 경우도, 갑자기 선임이 되었을 때 문제 해결 방법을 찾을 수 있는 역량을 보유하고 있었다면 부담을 조금 덜 가졌을 것이다.

대표와 직원의 거리를 좁히는 것은 대화다

회사를 운영하는 입장에서는 항상 수많은 예외에 관한 대처 방안이 필요하다. 그래서 일 잘하는 직원이란 특정 문제에 관해 본인이 생각하는 베스트 솔루션을 찾아오는 사람이 아니라, 해당 문제에 관한 플랜 A, B, C를 찾아와 대표가 의사결정을 하게 하는 사람이다. 사업은 수학 문제가 아니며 목표에 이르는 수없이 많은 경로가 존재한다.

이번처럼 개발팀 운영 방식의 변경이나 제품 스펙의 변경 등의 문제가 생겼을 때 그 방식에 만족하지 않는 사람은 항상 존재한다. 결정에 만족하지 못했을 때 여러 가지 선택지를 만들어 제시한다면 더욱 좋을 것이다. 특히 개발팀장은 중간관리자, 즉 리더이지 팀원 의견의 전달자가 아니다. 그런데 이 사례에서 개발팀장은 내게 면담을 하자면서 팀원의 의견을 전달만 할 뿐 본인이 생각하는 해결책을 제시하지 않았다. 이렇게 된다면 중간관리자가 존재할 필요가 없다. 대표가 사건의 처음부터 끝까지 모두 검토하고 모든 의사결정을 홀로 해야 하기 때문이다.

다만 이런 문제는 직원의 고질적인 문제가 아니기에 대표의 관리적인 능력으로 해결 가능하다. 본래 대표의 시선과 직원의 시선은 다를 수밖에 없고 이를 인정해야 한다. 그러니 대표의 시선까지는 아니더라도 서로의 입장 차이를 좁힐 수 있는 의사소통을 위해 다음 세 가지 방법을 추천한다.

첫째, 많은 질문을 던져라. 설령 대표가 최고의 솔루션을 이미 알고 있고 명확한 아이디어가 있다 하더라도 직원에게 "그럼 이 부분에 대해서는 어떻게 생각하세요?" 같은 질문을 던져서 그들과 대표의 차이를 메워야 한다.

둘째, 처음부터 요구 사항을 명확히 하자. 내 박사 과정 지도 교수님은 논문을 작성할 때 이 분야에 대한 지식이 아무도 없는 일반인이 봐도 이해할 수 있을 정도로 글을 쓰라고 했다. 이는 자신의 지식에 갇혀 나만 아는 언어로 의사소통하는 것을 방지하기 위함이다. 직원과의 대화 또는 업무 지시도 똑같다.

대표와 직원 관계만이 아니라 원래 나와 타인은 경험과 알고 있는 지식이 다를 수밖에 없다. 그러니 업무를 지시할 때 처음부터 명확하게 해야 한다. 예를 들면 "우리 경쟁사 A의 현황을 리서치해볼래요?"가 아니라 "우리 경쟁사 A의 재무, 전략, 조직, 매출, 마케팅 등을 포함한 현황을 리서치하고 가능하면 경쟁사 B와 C도 조사해 비교해주세요"라고 하는 것이다. 이렇게 하다 보면 나중에는 나보다 먼저 직원이 "제휴 부분까지 현황 조사에 더 추가하면 어떨까요?"라고 할 수도 있다.

마지막으로, 인간적인 관심을 가져라. 직원과 대표는 절대로 가족 같은 사이가 될 수 없지만 신뢰를 기반으로 한 중요한 파트너 관계는 될 수 있다. 하지만 직원이 대표에게 먼저 다가오는 것은 거의 불가능하다. 본인에게 보상과 페널티를 줄 수 있는 인사권을 갖고 있는 사람이므로 당연히 어렵다. 그러니 먼저 다가가고, 돌아올 것을 기대하지 말고 베풀어야 한다.

창업 초기 시절에 나는 어버이날이 되면 핵심 직원의 부모님

용돈까지 챙겨드리곤 했다. 실제로 그 직원은 우리 회사에 많은 기여를 했고 내 입장을 많이 배려해주었다. 대표의 시선과 요구를 100퍼센트 만족시키는 직원은 존재하지 않지만, 서로의 차이를 줄이기 위해서는 대표가 먼저 다가가는 게 유일한 문제 해결 방법이라고 생각한다.

지금의 고민과 결정은 미래를 위한 것

당시 해당 직원의 연봉 인상 요구를 거절하기는 했지만 단칼에 자르며 말도 안 되는 소리 말고 일이나 열심히 하라고 반응하지는 않았다. R&R이 변경되지 않아서 연봉 인상의 명분이 없으니 불가능하지만, 향후 프로젝트가 무사히 종료되면 보상을 제공하겠다고 구체적으로 이야기했다. 그리고 프로젝트 결과 여부와 상관없이 내년 연봉 협상에서 이번 노고를 고려하겠다고도 했다. 그결과 해당 직원은 큰 불만 없이 프로젝트를 무사히 마무리했다.

회사를 운영하다 보면 예상치도 못했던 여러 문제에 끊임없이 직면하게 된다. 그런 문제들을 하나하나 해결해나가면서 자신만의 원칙을 발견하게 된다. 힘든 일이지만 그렇게 원칙을 만들고 실행해가면서 회사가 단단해지기 때문에 훗날 돌아보면 지금의 고민과 결정에 뿌듯함과 보람을 느낄 것이다.

02

자진퇴사인가,
권고사직인가

결과를 뒤바꾸는 오해들

오해라는 것은 참 무섭다. 분명 내가 말하고자 한 의도와 내용은 그게 아닌데 상대방은 다르게 받아들여 예상과는 다른 상황이 벌어지는 일은 참 골치 아프다.

나는 데이터 관련 기술을 기반으로 창업했는데, 요즘 이 분야의 SNA^Social Network Analysis라는 분석 기법을 기업과 기관에서 여론 모니터링 및 해석 용도로 많이 사용한다. 온라인상의 많은 데이터를 분석해 대중이 생각하는 바를 파악해서 제품 기획이나 마케팅에 사용하는 것이다. 그런데 이 역시 쉽지 않다. 다음과 같은 네 개의 문장을 기계가 분석한다고 해보자. 분석 결과는 긍정으로 나올까, 부정으로 나올까?

A 제품은 디자인이 상당히 뛰어나다.
디자인뿐만 아니라 제품의 기능도 사용하기가 쉽다.
또한 휴대용 기기라는 측면에서 볼 때 무게가 가벼워서 편리하다.
하지만 스펙에 비해 말도 안 되는 비싼 가격 때문에 이 제품을 구매하지 않는 게 좋겠다.

네 문장 중에 세 가지 의견, 즉 통계적으로 봤을 때는 75퍼센트가 긍정이기에 결론 역시 긍정적일 것이라고 판단할 수 있다. 하지만 전체를 다 읽고 나면 이 네 문장이 뜻하는 바는 결국 제품에 대한 부정적인 리뷰임을 알 수 있다.

이처럼 기계를 사용하더라도 고객의 니즈를 오해하지 않기란 너무나 어렵다. 기계도 이런데 의도나 생각이 있는 사람은 당연히 오해할 여지가 훨씬 더 많다. 가족과 지인의 오해는 시간을 두고 지켜보다가 풀면 되지만, 직원의 오해는 조직의 분위기를 망치고 심하면 법적 분쟁까지 갈 수 있는 골칫거리다.

퇴직금 이슈

한 직원의 퇴사 과정에서 나는 자진퇴사라고 생각했는데 그 직원은 다르게 생각했고 나중에 그가 "이건 권고사직이죠!"라며 공격적으로 나와서 꽤 힘들었던 기억이 있다. 특히 먹고살기 어려운 창업 초기보다는 회사가 먹고살 만해지면 본격적으로 퇴사자가 생겨난다. 그중 세 명이 생각난다. 지금은 웃으며 말할 수 있지만 당시에는 정말 많이 고민했던 사안이었다.

첫 번째 경우는 만 1년을 근무하지 못한 기획자였다. 대기업에서 신제품을 준비하는 과정에서 좋은 성과를 내며 PM 업무를 하다가 그만두고 대학원에서 사용자 경험에 관한 공부를 막 마친 인재였다. 그는 좋은 학교 출신에 커뮤니케이션 스타일 역시 스마트해서 나와 소속 팀장은 많은 기대를 했다. 하지만 초기 창업 기업의 제품 기획에 관한 일은 큰 조직에서 일한 경험이나 학문을 통해 알고 있는 것과는 크게 달랐다.

그는 많은 실수를 했고 이를 개선하려고 꾸준히 시도했다. 나는 이 직원이 혹시 소포모어 징크스sophomore jinx(2년 차 징크스)가 아닐까 생각하고 기다렸다. 우리가 그의 과거 성과를 알고 있고 비슷한 성과를 내길 기대하고 있으니, 부담이 되어 이런 결과가 나올 수 있다고 생각했던 것이다. 하지만 작은 조직에서 한 명 한 명이 자기 일을 다 못 하면 동료들이 그 일을 해결해야 한다. 그래서 이 직원의 팀장 역시 더 많은 일을 맡으면서 꽤 고생을 했다.

그러던 어느 날 그가 자진퇴사 의사를 밝혔다. 본인의 부족함이 팀과 회사에 폐를 끼치는 것 같아서 안 되겠다는 이유였다. 이미 마음이 떠난 직원을 다시 잡아보기에는 시간도 없었고, 게다가 좋은 성과도 보이지 못했으니 알겠다고 하고 퇴사 프로세스를 진행했다.

그런데 그의 희망 퇴사 일자를 검토하다 보니 딱 입사한 지 만 1년이 되는 날이었다. 아무래도 퇴직금 이슈 때문일 거라는 생각이 들었다. 나는 많이 당황했지만 법적으로 큰 문제는 없어 보였다. 일단 소속 팀장에게 그 직원의 인수인계를 위한 필요 기간을 물었고, 그 기간을 계산해보니 그때까지 있을 필요가 없음을 알게 됐다. 그래서 인수인계에 필요한 기간만 채우는 식으로 퇴사 날짜를 당기자고 의견을 전달했다. 물론 그렇게 되면 그 직원은 퇴직금을 못 받을 것이었다.

사실 인수인계 기간이 더 필요했다면 퇴직금을 지급하는 날짜가 되더라도 상관없이 진행했을 것이다. 하지만 본인이 퇴사를 원하고 있고, 소속 팀장 판단으로는 인수인계에 별로 시간이 필요 없다는데 굳이 자리를 지킬 필요가 있을까.

결국 그는 내게 와서 "이건 권고사직이죠!"라며 공격적으로 나왔고 나아가 이것은 해고라고도 주장했다. 다시 생각해봐도 참 당황스럽다. 본인이 퇴사를 말했고, 기간은 조율하면 되는 건데 이렇게까지 할 필요가 있나 싶었다. 변호사, 노무사의 조언을 받아봤지만 일이 커지는 게 번거로워서 그 직원의 의견을 일부 들어주는 형태로 결론지었다.

이 사건 이후로 나는 항상 모든 직원의 입사 1년이 되는 시점이 다가오면 직접 또는 소속 팀장을 통해 직원의 업무 만족도를 파악한다.

퇴사 사유 '권고사직'

두 번째 사례는 사실 아직까지도 어떤 것이 정답인지 모르겠다. 회사의 제품 중 하나가 더 이상의 개발이 필요 없게 되었다. 마침 해당 제품 개발자 일부가 퇴사한 시점이기도 했다. 남아 있는 메인 개발자에게 회사에서 생각하는 앞으로의 제품 방향성은 내부 개발보다는 외부에 맡길 예정이라고 말했다. 그래서 당신은 이제 다른 제품 개발에 참여하게 될 것이고 만일 싫다면 퇴사를 해도 이해한다고 설명했다. 그 직원은 일주일 정도 고민 후 퇴사 의사를 밝혔다. 나는 넉넉한 기간을 줄 테니 이직을 위한 준비와 면접도 편하게 하라고 했다.

그런데 며칠 후 경영지원 담당 직원이 그 직원의 사직서에 적힌 퇴사 사유를 내게 보여주면서 '권고사직'이라고 돼 있는데 맞는지 확인해달라고 요청했다. 나는 이해가 가지 않아서 면담하면서 설명해보려 했으나 이내 마음을 다시 먹고 권고사직으로 처리하라고 지시했다. 내가 처음 면담할 때 한 이야기들에 대한 오해가 분명 있었을 테고 그는 내가 권고사직을 요구했다고 받아들인 것 같았다. 대표와 직원, 사용자와 근로자는 그 시선과 관점이 다를 수밖에 없다.

창업 초기에 읽었던 서광원의 《사장으로 산다는 것》에는 공장에서 나사 하나가 바닥에 떨어진 것을 보고 직원은 나사의 원가 50원의 손해를 생각하지만, 사장은 나사가 제대로 들어가지 않은 제품의 가격인 몇천만 원의 손해를 생각한다는 이야기가 있다. 그만큼 서로가 생각하는 바가 다르다.

누가 옳다는 것이 아니다. 그냥 관점이 다르니 오해가 생길 수밖에 없다는 이야기다. 그리고 그 오해가 조직에 큰 피해를 주는 것이 아니라면 더 나중을 생각했을 때 나가는 사람에게 대우해주는 것을 추천한다.

파트타임 직원의 자진퇴사

마지막 사례는 조금 복잡하다. 지금도 이 경험은 떠올리면 속이 상한다. 나도 사람인지라 이 일만 생각하면 참 구차하고 답답한 심정이 된다.

이 사건의 주인공은 두 달 남짓 일하다 퇴사했다. 한참 정신없이 사무실을 이전할 때 입사했고 나와 제일 밀접하게 일할 수밖에 없는 경영지원 담당이었다. 기존 경영지원 직원의 일이 너무 많지만 한 명을 더 채용하는 것까지는 필요 없다고 해서 하루 네 시간만 일하는 파트타임 계약직 직원을 채용한 것이다.

입사 후 2주가 지난 시점에 그 직원은 면담 요청을 했다. 아무래도 일이 많아서 근무시간이 자꾸 오버된다고 불만을 토로하기에 추가 근무수당을 지급하겠다고 했다. 하지만 그는 100퍼센트 급여 인상을 요청하면서 그 조건으로 추가 근무를 하겠다고 했고 나는 받아들였다.

다시 또 2주가 지났다. 그가 또 면담 요청을 해왔다. 그래도 일이 너무 많다고 주장하기에 일부 업무를 다른 직원들에게 이관시키기로 했는데, 문제는 그다음 이야기였다. 그는 내가 회사에 상주하는 시간이 짧아서 회사 내 직원 관리가 안 되는 것 같다고 했고, 그 시기에 자진퇴사자가 한두 명 있었는데 이렇게 된 원인도 내게 있다고 말했다.

물론 내 탓일 수 있다. 하지만 나는 그 시절, 실력 없는 사람 또는 뛰어나지만 비전이 서로 맞지 않는 사람을 억지로 끌고 가고 싶은 생각이 없었다. 그런 직원들을 자진퇴사하게 놔둔 것인데 왜 나의 리더십에 대해 뭐라고 하는 것인지 이해가 되지 않았다. 유심히 보니 퇴사자로 인한 업무 증가 그리고 사람들이 자신에게 이것저것 쉴 새 없이 요청하는 건들이 싫어서 이런 말을 했던 것이다. 한편 다른 팀 직원들은 경영지원 담당 직원이 너무 공격적이라는 말을 나에게 하기 시작했다.

화도 났지만 최대한 이해해보려 노력했다. 파트타임으로 일하며 자신의 삶을 즐기려 했지만 예상치 못한 창업 조직의 스타일에 당황했을 것이다. 그리고 난감했을 수도 있다. 차라리 처음부터 풀타임이었다면 이런 일이 생기지 않았을 것이다. 내가 업무 리소스 파악을 잘못한 탓에 생긴 일이라는 생각이 들었다. 그래서 그에게 차라리 연봉 협상을 다시 해서 풀타임 정규직으로 전환하는 것을 제안했고, 이것이 싫다면 이렇게 계속 불만을 토로하지 말고 계약을 종료하는 것은 어떠냐고 했다.

며칠을 고민하더니 결국 그는 퇴사를 결정했고 우리의 악연은 여기서 끝나는 듯했다. 하지만 퇴사한 지 2주가 지나고 또 연락이 왔다. 그는 계약직이었고 스스로 퇴사를 선택해서 우리는 '자진퇴사'로 퇴사 사유를 신고했는데 그게 불합리하다는 것이었다. '권고사직'으로 처리해달라며 그래야 실업급여를 받을 수 있다고, 그렇게 하지 않으면 고용노동부에 신고한다고까지 했다. 나는 이 역시 직원의 요구대로 처리할까도 생각해봤지만 도저히 이건 아니라고 생각했다. 그래서 노무사에게 정식 의뢰를 해 사건을 맡겼다. 결론은 법적으로 문제없이 자진퇴사 처리가 되었다.

물론 나가는 사람은 최대한 후하게 대우해줘야 내가, 우리 회사가 편하다는 것을 알고 있다. 하지만 불합리한 요구나 생떼를 부리는 사람의 요구를 들어주는 데 회사의 예산이나 자원을 사용하면 결국 남아 있는 직원들에게 돌아갈 것이 줄어든다. 게다가 권고사직을 남발하면 국가에서 중소기업에 지원해주는 고용이나 인건비와 관련된 소중한 기회들에 참여할 자격이 사라지므로 신중해야 한다.

취업 규칙을 세우고 인사 과정을 기록하라

퇴사는 항상 민감한 이슈다. 이 세 가지 사례 말고도 황당한 일들은 수없이 많았다. 팀장과 싸운 팀원이 갑자기 잠적하면서 중요한 자료가 담긴 노트북에 비밀번호를 설정해놓은 적도 있었다. 어린 직원 한 명은 갑자기 연락이 안 되고 회사를 나오지 않더니 그 부모에게 연락이 와서 회사를 그만두겠다고 통보한 적도 있었다. 어떤 산학협력 인턴 직원은 회사에서 성추행 건이 있어서 그만 나가겠다고 학교에 말하고 잠적했다. 하지만 그런 일은 없었고 회사를 그만 다니고 싶어서 거짓말한 것으로 들통이 났다.

직원 퇴사에 관한 모든 것을 절대로 기분에 따라 결정하고 행동하지 말아야 한다. 향후 생길 수 있는 리스크를 생각하면 노무사에게 의뢰하는 것이 비용 면에서도 훨씬 합리적이다. 상담을 받고 그 가이드대로 내부에서 처리하거나, 중요한 사안이라면 반드시 노무사에게 수임을 시켜야 한다. 그리고 창업 초기부터 취업 규칙을 만들고 인사 관련 모든 사안을 이메일 등의 기록으로 남겨야 한다.

초기에 전반적인 노무 컨설팅을 받는 것도 추천한다. 그러면 앞으로 만들 규칙과 제도 역시 합법적으로 관리할 수 있다. 마케팅이나 홍보를 위해 큰 예산을 사용하는데, 내부 운영을 위해서도 당연히 예산을 사용해야 한다. 이렇게 신경을 쓴다면 당신이 원하는 똑똑하고 유쾌한 사람들과 즐겁게 일하는 것이 가능해진다. 그렇지 않으면 내가 만든 조직이 어느 날 감당할 수 없는 괴물이 되어 내 앞에 서 있을 수 있다는 걸 기억하라.

똑똑한 법인카드 관리 노하우

"그런 건 법인카드로 먹어야죠"

창업 3~4년 차, 햇살이 따듯해지기 시작하는 날씨 좋은 봄이었다. 항상 어마어마한 스케줄에 다들 피곤했지만, 가끔 사무실 주변을 산책도 하고 차도 마시며 바쁜 생활 속 여유를 즐기곤 했다.

그 시기 막 입사한 신입 직원이 있었는데 다소 늦게 대학을 졸업하고 입사해서 나와는 서너 살 차이밖에 나지 않았다. 그는 항상 예의 바르게 행동하고 열정적으로 일했기에 앞으로가 기대되는 직원이었다. 그도 함께 오후 휴식을 즐기고 있었는데, 아마도 주말에 먹었던 맛있는 음식이 대화 주제였던 것 같다. 그러다가 맛집 이야기가 나왔고 김치찜부터 시작해서 수제버거까지 서로 알고 있는 맛집을 신나게 공유했다. 마침 그가 맛있지만 꽤 비싼 음식을 추천하기에 나는 자주 가는 집이냐고 물었다. 그랬더니 그가 이렇게 말했다.

"아니요. 그런 건 법인카드로 먹어야죠."

나는 순간 얼빠진 사람처럼 멍해졌고 그 역시 자신의 말실수를 깨닫고 잠시 정적이 흘렀다. 일단 다른 주제로 화제를 전환했지만 머릿속은 복잡해졌다. 그 비싼 음식을 법인카드로 먹다니, 우리는 아직 작은 창업기업인데 좀 심하다는 생각이 들었다. 소모적인 비용을 아끼면 직원의 복지에 더 쓸 수 있다는 것을 왜 모를까 답답하기도 했다.

법인카드는 계륵 같은 존재

개인적으로 뭔가를 구매할 때 신용카드를 사용하는 걸 싫어한다. 특히 할부로 구매하는 소비 습관은 사람을 무감각하게 만들고 내가 가용할 수 있는 현금을 파악하기 어렵게 한다. 법인카드 역시 법인 신용카드다. 법인의 신용을 담보로 구매하는 것이다. 어쩔 수 없이 식사나 소모품 구매는 법인카드의 편리함 때문에 카드 결제를 하지만 다른 것은 웬만하면 세금계산서/계좌이체 방식을 사용한다.

사실 초기 창업기업은 신용카드 발급도 쉽지 않다. 회사에 입사만 하면 몇백만 원의 신용한도로 카드가 발급되는 개인과는 달리, 이제 막 만들어진 법인은 신용이 없기에 100만 원 남짓한 한도로 카드가 발급되는 경우도 있다.

10명 정도의 회사라면 매월 최소 200만~500만 원 정도 카드 결제를 하는데, 한도가 적으면 계속해서 선결제를 해야 한다. 게다가 경영지원 직원이 있다면 몰라도 초기에는 창업자인 대표가 이런 것들을 직접 해야 한다. 참 귀찮은 일이다.

2012년 페이스북에 약 1조 원에 인수되고 지금은 100배가 넘는 111조 원의 가치를 인정받은 인스타그램의 CEO 케빈 시스트롬Kevin Systrom은 이렇게 말했다. "나중에 깨달았습니다. 회사라는 건 제품 개발 50퍼센트와 그 외 수많은 잡무 50퍼센트를 통해 세워진다는 것을요."

그만큼 잡무가 많은 창업기업 대표에게 법인카드는 계륵 같은 존재다. 없으면 불편하지만 있으면 비용이 얼마나 나갈지 걱정만 늘리는 존재. 창업 초기 시절 법인카드는 내게도 애물단지였다.

항상 생각해둔 예산보다 더 사용했고 외근하는 직원에게 얼마만큼만 쓰라고 말도 못 하면서 일단 쓰라고 줘야 하는 것이었다. "서울 내 외근이니까 교통비와 커피 한잔으로 3만 원만 쓰세요"라고 정하는 것은 아무리 초기 기업이라도 너무 쪼잔하지 않은가. 그런데 꼭 그렇게 아무 말 없이 법인카드를 건네주고 나면 정말

자기 카드처럼 아껴 쓰는 직원도 있는 반면, 지하철 타도 될 곳을 택시 타고 비싼 식사까지 하고 오는 직원도 있다.

우리는 운 좋게도 다행히 매출도 계속 늘어나고 투자도 받아가며 성장했다. 그래서 법인카드의 한도 역시 점점 높아졌다. 하지만 간혹 어려운 회사들을 보면 대출이자를 갚지 못해서 혹은 세금을 내지 못해서 신용카드를 쓰지 못하는 경우가 있다. 그래서 법인카드는 애물단지이면서도 회사의 성장지표 중 하나다.

선결제하지 않아도 되는 한도의 신용카드를 충분히 발급할 수 있는 회사는 잘 생존하고 있는 회사이며 대표가 잘하고 있다는 증거와도 같다.

직원과 대표 모두 만족하는 법인카드 사용법

당신이 회사를 설립했다면 법인 신용카드부터 만들 것이다. 그러면 일단 주거래 은행에 가자. 그리고 투자를 받았다면 투자금, 아니면 회사의 모든 현금을 예금하고 나서 카드의 한도를 최대한 많이 받아라. 이로써 번거로운 선결제를 하지 않도록 하라.

그리고 회사 운영에 필요한 지출 내역별로 법인카드를 발급받아라. 예를 들면 카드를 다섯 개 발급받아서 직원 식대용 카드, 광고비 및 온라인 결제용 카드, 소모품용 카드, 외근용 카드, 금고에

놔두는 여분의 카드, 이런 식으로 사용하라. 그리고 각 카드별 한도 역시 설정 가능하다. 그러면 예산 계획에 맞게 각 항목을 제한하며 사용할 수 있다.

하나 더, 법인카드 관리 노하우로 무기명보다는 기명식 법인 신용카드를 만드는 방법이 있다. 둘의 차이는 카드에 회사 이름 말고도 개인 이름이 들어가는지 여부다. 기명식 법인 신용카드에는 그 카드를 주로 사용하는 직원의 이름이 들어가게 할 수 있다.

개인 신용과는 무관하고 법인이 책임지는 신용카드인 건 똑같지만 그래도 본인 이름이 들어가면 아무래도 조금 더 신경 쓰면서 사용하게 된다. 게다가 기명식 법인 신용카드의 상당수는 개인에게 카드 사용에 따라 비행 마일리지 적립도 해줘서 직원들도 선호한다. 어떤 회사는 이 마일리지들을 모아 주기적으로 돌아가면서 한 명씩 해외여행을 보내주는 복지 제도를 만들었다고 한다.

주변에 직장 다니는 지인들에게 법인카드가 어떤 의미인지 물어보면 필요한 곳에만 써야 하지만 굳이 아낄 필요는 없는 것이라고 대부분이 말한다. 간혹 집에 가족들 음식을 싸간다거나 개인적인 용도로도 사용하는 사람도 있지만 극히 일부다. 실제 어떤 대표는 야근하는 사람들을 위해 저녁 식사용 법인카드를 하나 줬는데, 일부 직원들이 식사만 하고 바로 퇴근하는 것을 보고 벙어리 냉가슴 앓듯 화가 치밀어 올라왔다고 했다.

그 대표의 심정에 나 역시 공감이 안 가는 것은 아니다. 하지만 스트레스를 받으면 나만 손해다. 이를 제한하면 다른 부작용도 생길 테니 차라리 복지 차원에서 아예 식사하고 퇴근하라고 하면 어떨까라는 생각도 들었다. 그러니 미리 예산을 정하고 카드별 한도를 설정하는 것이 제일 마음 편하다.

흔히 인용되는 피터 드러커의 "측정할 수 없으면 관리될 수 없다"는 말은 법인카드에도 적용된다. 대표는 해야 할 일도 많고 더 중요한 일을 해야 할 사람이니 법인카드에는 이 정도로만 신경을 쓰도록 하자.

04

규모보다 실속,
직원 복지 제도

대기업과 중소기업의 간극

많은 사람이 대기업을 선호하는 이유는 무엇일까. 가장 먼저 생각나는 것은 보통 연봉일 것 같다. 하지만 중소기업에서도 중요한 포지션을 맡으면 대기업 못지않게 높은 연봉을 받을 수 있다. 간혹 대기업 수준을 뛰어넘는 경우도 있다. 중소기업 평균 임금은 대기업에 비해 많이 적지만 직원 사이의 편차가 크기에 충분히 고액 연봉자가 될 가능성이 있다.

그렇다면 대기업을 선호하는 이유는 무엇일까. 일하는 동안 얻을 수 있는 경험일까? 이 또한 각자 장단점이 있다. 대기업에서는 프로세스와 거시적인 안목을 배울 수 있고, 중소기업에서는 실제 실무 역량을 기를 수 있다.

그렇다면 어디서 가장 많이 차이가 날까? 나는 복지라고 생각한다. 대기업은 삼시세끼 영양사가 준비한 무료 식사부터 운동, 의료, 각종 제휴사 혜택 등 그 스케일이 엄청나다. 내가 잠시 몸담았던 SK그룹의 모 계열사는 입사 최종 합격 이후 합격자의 부모님을 계열사 특급 호텔로 모셔 식사를 대접하고 임플란트 시술까지 제공한다. 그리고 합격자 본인에게는 최고급 신형 핸드폰을 통신비 0원으로 제공하기도 한다. 직원들은 회사에 대한 충성심을 갖게 되는 것은 물론 자연스럽게 회사 제품의 고객이 된다.

그렇다면 작은 회사의 복지는 어떨까. 복지에 사용할 수 있는 예산이 크지 않은 스타트업은 주로 일하는 방식에서 많은 자유를 허용한다. 무제한 연차 제도, 리모트 워크 제도, 유연근무 제도 등을 제공해 출근과 개인적인 휴식에 관한 기존 방식의 불편함을 해결하는 식이다. 스타트업의 사업 자체가 기존 상황의 페인 포인트Pain Point(불편함)를 찾아서 해결하는 형태이기에 복지 또한 이런 방식이 적합하다.

이 외에도 맥주, 커피, 간식, 도서 무제한 제공 등 일종의 소확행이라고 할 수 있는 복지도 많이 늘어났다. 직원 본인이 사용할 의자는 직접 고를 수 있게 하는 복지도 봤다. 애인 또는 배우자가 회사에 놀러 오면 즉시 반차를 제공하는 데이트 복지 등 재미있는 복지도 있다.

직원 복지, 무조건 '다수결'로 정하지 마라

우리 회사의 기본 복지 제도는 일단 내가 직장 다니던 시절에 불만을 품었거나 불합리하다고 생각했던 제도 및 관습을 없애는 것부터 시작했다.

의무적인 회식 참여와 보고 방식부터 없애거나 최소화했다. 그리고 금요일에서 토요일까지 휴일을 끼고 했던 워크숍도 이해되지 않았기에, 우리 회사의 워크숍은 무조건 평일에 진행했다. 월화 또는 목금에 가는 식이다. 그리고 읽고 싶은 책은 무제한으로 신청할 수 있는 제도와 리모트 워크 제도, 유연근무 제도 등 가능한 한 자유로운 환경을 추구하려고 노력했다.

물론 선한 의도가 항상 좋은 결과를 가져오지는 않았다. 아무 제약도 없는 유연근무 제도를 시작했더니 출퇴근 시간이 제각각이 되었다. 직원들은 회의 한 번 열기가 너무 어렵다며 커뮤니케이션의 불편함을 호소했다. 결국 몇 번의 회고 회의를 통해 수정하다가 마침내 제품 개발의 MVP(최소 기능 제품)처럼 유연근무 제도를 개선했다. 출근 시간은 10시로 고정하되 그 앞으로 두 시간까지는 일찍 시작해서 일찍 끝낼 수 있는 옵션을 두었다. 대신 장소의 유연함을 두어 시간의 유연함을 제한한 점을 보완했다.

조직마다 그 분위기와 구성원의 성향은 모두 다르다. 회사가 속한 산업에 따라, 직무에 따라서도 다르다. 공공기관 및 금융권

고객사 영업을 주로 하는 회사의 영업팀이 반바지에 티셔츠를 입고 다닐 수는 없다. 하지만 그 회사의 내근직까지 정장에 셔츠를 입을 필요는 없다. 중요한 것은 구성원 간의 합의이며 이로써 직원들이 회사의 제도를 다 같이 만들어간다는 느낌을 받을 수 있게 하는 것이다. 그리고 보여주기 식의 복지는 비용만 낭비할 뿐이다.

제품을 만들 때 고객과 공감을 충분히 하고 핵심적인 페인 포인트를 도출해서 솔루션을 찾는 것처럼, 복지 제도를 만들 때도 직원의 페인 포인트를 찾는 것부터 시작해야 한다. 그렇지 않으면 아무도 만족하지 않는, 공감이 빠진 유명무실한 제도가 생겨난다.

하지만 대표가 일방적으로 정해야 하는 복지도 존재한다. 예를 들면 도서 복지는 무제한으로 할지 한 달에 네 권으로 제한할지, 명절 상여금은 얼마를 지급할지 등이다. 즉, 비용이 수반되는 복지는 직원의 의견을 수렴하되 절대로 '다수결' 같은 제도로 정하지 말아야 한다. 회사의 경영 현황과 현금흐름의 한도 안에서 정해야 하기 때문이다. 단순히 직원들의 기분을 맞추려다가는 회사에 맞지 않는, 결국 일회성으로 끝나버리는 아쉬운 제도가 될 가능성이 크다.

의견은 수렴하되 결정은 혼자 하라

비용이 수반되는 복지 관련해 생각나는 일화가 있다. 회사가 먹고살 만해질 즈음 사내 모든 리더급을 위해 매년 인당 30~50만 원이 발생하는 유료 건강검진 복지 제도를 만든 적이 있다. 창업 기업의 리더는 큰 조직의 리더처럼 관리 업무만 하지 않는다. 관리와 실무 업무를 병행하기에 그 업무량이나 강도가 팀원들에 비해 비교할 수 없을 정도로 크다. 그래서 팀원에게는 제공되지 않는 특별 대우를 제공한 것이다. 만일 모든 직원에게 유료 건강검진을 제공할 만한 충분한 예산이 있었더라도 리더급에게는 조금 더 비싼 건강검진 프로그램이나 각종 특별한 대우를 더 추가했을 것이다.

안식년을 준비하던 즈음에 건강검진 복지 제도를 실행할 시기가 다가왔다. 후임 대표에게 이런 제도가 있으니 그대로 진행해도 되고, 조금 변경해도 되니 본인이 의사결정해서 진행해보라고 가이드를 제시했다.

후임 대표는 기존 제도처럼 리더급은 회사에서 전액 지원을 해주고 나머지 직원들에게는 검진을 원할 경우 반액 지원을 해주는 식으로 제도를 변경했다. 전 직원에게 공지한 이후 나는 친한 직원을 통해 직원끼리의 사모임에서 이 제도에 관한 뒷이야기가 있었다는 것을 전해 들었다. 몇 명의 팀장들이 그리 크지 않은 회사에서 이런 제도는 모두에게 제공하는 것이 맞지 않느냐고 했다는 것이다. 즉, "이건 불공평한 것 아닌가요?"라는 말이 나왔다고 했다.

바로 이것이 선한 의도가 항상 좋은 결과를 가져오지 않는 경우다. 만일 이 복지에 쓰이는 돈이 자신의 돈이라도 이렇게 말했을까? 아니면 자신이 전액 지원받는 것을 내놓고 모두가 똑같이 일부만 회사의 지원을 받는 식으로 바꾸자고 해도 동의할까? 스타트업은 특성상 젊은 직원이 대다수다. 그리고 대다수 직원들은 회사의 복지와 대우에서 공평함을 원한다. 그런데 직장에서 공평함을 이야기하는 게 마냥 옳은 것일까.

세상은 공평하지 않다. 특히 사업을 하다 보면 이제 막 창업한 작은 회사일지라도 엄청난 예산과 인력으로 무장한 대기업과 경쟁해야 할 때도 있다. 대기업뿐만 아니라 비슷한 창업기업이라도 창업자가 아이비리그의 학벌과 어마어마한 인맥을 보유한 경우도 있다. 그들과 함께 달리며 내게도 같은 기회를 달라고, 공평하게 겨루자고 하는 게 옳을까. 아니라고 본다. 그건 공평함이 아니라 억지로 우기는 것이다.

내가 그들에 비해 덜 갖고 있다면 기회도 덜 받는 것이 맞다. 대신 그들보다 더 많이 노력해서 뛰어넘으면 된다. 회사 내에서도 마찬가지다. 공평해야 하는 복지가 있는 반면 특별 대우가 필요한 복지도 존재한다. 그리고 이를 결정하는 것은 대표의 재량권이다.

회사의 초과 성과 달성으로 인센티브를 지급한다고 할 때 연봉에 따라 차등 지급하는 것이 맞을까? 아니면 모두가 똑같은 금액을 받는 게 맞을까? 정답은 당연히 대표가 정하는 대로 가는 것이다. 회사의 경영 상황과 조직의 분위기, 대표의 경영 방침에 따라 정해진다. 나는 전자를 선택할 것이고, 그렇게 결정해왔다. 개인마다 기여도와 상황이 다른데 동일하게 지급하는 것은 옳지 않다고 생각한다.

물론 대표의 기분이나 주먹구구식으로 정하자는 말이 아니다. 평가하는 방식과 대우를 산정하는 방식이 구체적으로 존재해야 한다. 그리고 이 방식 자체를 조직의 대표가 정해야 한다. 이렇게 정해진 것이 조직의 규칙이 된다.

한번은 직원들 몇 명에게 권고사직을 말해야만 할 때가 있었다. 신규 사업으로 추진한 아이템이 실패했고, 회사의 현금흐름을 예상해보니 이 팀의 인원을 유지하기에는 너무 리스크가 컸다. 어쩔 수 없지만 다 같이 죽을 수는 없기에 해당 직원들에게 면담과 함께 사정을 설명하려 했다.

하지만 작은 조직에서 이렇게 몇 명을 권고사직하게 하면 전체 분위기도 어수선해지고 사람들도 불안해한다. 그래서 팀 리더들과 워크숍을 하면서 이렇게 결정할 수밖에 없는 이유를 공유했다. 그러자 한 리더가 "꼭 그 방법밖에 없나요?" 라고 물었다.

"한 가지 방법이 더 있습니다. 저와 여러분의 급여를 대폭 삭감하고 이를 권고사직 대상자들에게 나누면 됩니다." 내가 이렇게 답변하자 모두가 한참 동안 침묵했다.

과연 균등하게 연봉을 삭감하고 권고사직을 하지 않는 게 공평한 결정이었을까. 정답은 아무도 모른다. 다만 이렇게 직원들 대우와 비용에 관련된 결정은 대표이사가 홀로 심사숙고해야 하는, 어려운 일이다.

물론 의견은 수렴하고 참고하는 것이 좋다. 그런데 이 역시 쉽지 않아서, 극단적으로 말하면 두 가지 반응이 나온다. 만일 대표가 부드럽고 스스럼없이 다가갈 수 있는 스타일이라면 직원들은 대표를 만만하게 대한다. "대표님, 이건 제가 잘 알아요. 팀원들하고 제가 더 많이 이야기하니까 제 의견대로 가서야 합니다"라는 식이다. 반대로 대표가 일을 거침없이 추진하고 조금 무서운 존재라면 직원들은 아무도 자기 의견을 말하지 않는다. 참 어렵지 않은가. 대체 어떤 대표가 되어야 할까.

모두를 만족시키는 선택은 없다

대표로서 나는 생각한 바를 거침없이 추진하는 스타일이었다. 대신에 많은 질문을 하고 의견을 들었다. 하지만 정말로 솔직한 의견을 듣는다는 건 많은 노력이 필요했다. 그래서 사람에 따라 다른 스타일로 다가갔다.

누구에게는 농담할 수 있는 대표, 누구에게는 무서운 대표, 누구에게는 농담은 어렵지만 논쟁 정도는 할 수 있는 대표로 다양하게 내 모습을 만들었다. 직원들에게 확실하게 차등 대우를 했고 시간이 지나자 사람들도 이를 자연스럽게 받아들였다.

복지와 대우는 정말 양날의 검이다. 긍정적인 효과에 따른 부작용은 항상 존재하며 모두를 만족시키는 선택은 없다. 따라서 가능한 한 많은 사람을 만족시키는 선택을 해야만 한다. 그렇게 해야 내 기분에 따라 달라지는 조직이 아니라 체계적으로 성장하는 조직이 된다. 괜히 직원들이 공평함 운운할 수 있는 주제는 차라리 공유하지 않는 것이 낫다. 때론 대표가 외롭게 혼자서 짊어지고 결정하고, 때론 욕을 먹으면서도 나아가야 할 때가 많다.

05

대기업 출신에
목매지 마라

창업자의 배경이 중요할까?

가끔 뉴스를 보면 대기업 출신 창업자의 이력 덕분에 초기부터 조명을 받는 스타트업들이 있다.

'네이버 출신 세 명이 창업한 모 스타트업.'

'100억 펀딩 받은 카카오 출신 창업자.'

'삼성전자 사내 벤처 시리즈 A 투자 유치.'

초기 창업기업은 이렇게 비용이 들지 않는 마케팅 기회가 소중하기에 이런 기사들을 보면 막연히 부러웠다. 나도 창업 직전에 두 군데의 대기업을 다녔지만 각각 1년 정도 아주 짧게 근무했기에 큰 도움이 되지는 않았다.

특히 초기에 기업을 알리거나 10억 미만의 초기 투자를 유치할 때 창업자의 배경은 제품보다 중요하게 여겨진다. 우리 회사의 공동창업자들도 모두 우수한 역량을 보유한 인재들이었지만 대기업 출신은 아니었다. 그래서 항상 대기업 출신에 대한 갈증이 있었다.

짧지만 나의 대기업 경력을 이용해 영업이나 투자 유치에 도움을 받은 것은 사실이다. 특히 기업에서 우리와 관련된 부서 담당자를 찾아내 미팅할 때 나의 전 직장 동기들의 도움이 컸다. 하지만 언제까지나 이 짧은 경력을 써먹을 수는 없었고, 내가 모든 미팅에 다 참여할 수는 없었다. 그렇기에 탄탄한 대기업 출신 경력 직원을 채용하고 싶은 마음이 컸다.

초기 기업에는 인건비 때문에 어쩔 수 없이 주니어급 직원이 3분의 1 이상 존재한다. 그래서 조금 더 거시적인 안목을 갖고 있거나 일을 혼자서 추진할 수 있는 경력직 직원을 원하게 된다. 경력직을 채용할 때 일부러 나보다 경력이 많고 나이 많은 사람을 선호했다. 내가 경험하지 못하거나 갖고 있지 못한 부분을 채워 주길 희망했다.

대기업 스펙이 알려주지 않는 진실

특히 광고 데이터 관련 신제품 준비를 하면서, 해당 분야를 리드하고 있는 대기업에서 10년 조금 안 되게 일했던 사람을 사업개발팀장으로 채용한 적이 있다. 그는 이전 직장에서 공식적인 팀장 경험은 없었지만 자신의 후임을 여러 명 데리고 프로젝트를 리드했던 경험이 있었다. 우리 회사에 적합했고 많은 기대를 했다.

그는 성격도 깔끔하고 나와는 물론 동료 및 팀원들과 커뮤니케이션에도 문제가 없었다. 보통 대기업 출신이 스타트업에 합류했을 때 잘 적응하지 못하거나 불만을 품는다면 문제는 예산 부족과 프로세스의 부재에 있다. 이제 막 만들어가는 회사에 체계적인 프로세스가 존재할 리 없기 때문이다. 그래서 대기업의 일처리 방식에 익숙한 경력 직원들은 이 부분에서 불만이 많다. 하지만 이 직원은 그런 점도 없었다. 회사의 상황을 이해했고 그 안에서 일을 진행하려 많은 노력을 했다. 이 점은 지금 생각해도 고마운 부분이다.

하지만 아쉽게도 그가 맡은 팀은 성과를 내지 못했다. 맡은 일 중 열에 아홉은 달성하지 못한 것이다. 그리고 프로세스 탓을 하지 않았지만 그렇다고 프로세스를 만들지도 못했다. 내가 가이드하는 방식 그대로만 수행했으며 개선이나 신규 제안을 하지 못했다. 가이드가 존재하지 않는 일은 이전 직장에서 했던 방식으로 시도해보고 안 되면 어쩔 수 없다는 태도로 업무를 진행했다.

게다가 자기 팀에서 일할 팀원을 채용할 때도 문제가 있었다. 팀의 부족한 역량을 채워줄 사람보다는 전반적으로 조금씩 경험이 있는 사람을 채용한 것이다. 예를 들어 팀의 영업 역량이 부족하다면 영업 중심 인재를 채용해야 하는데 영업도 조금, 광고도 조금, 제휴도 조금 해본 사람을 선택했다.

이는 철저히 대기업에 어울리는 인재다. 대기업에는 특정 분야의 전문가보다는 주어진 프로세스 안에서 어떤 일이든 어느 정도 수준까지는 수행할 수 있는 사람이 적합하다. 하지만 창업 조직이나 작은 회사에는 스페셜리스트가 필요하다.

이런 결과 때문에 나는 그 직원에게 실망했다. 높은 연봉만큼 기대도 컸기에 실망감은 더 컸다.

그러던 중 글로벌 기업에 간단한 제안을 하는 업무가 해당 팀에 할당되었다. 하지만 그 직원은 최종 결과물로 한글로 된 문서를 가져왔다. 왜 영작을 안 했는지 물었더니 팀에 영어를 잘하는 사람이 없다는 말만 하면서 나를 쳐다보는 것이 아닌가. 그 순간 그와 일을 더 못 하겠구나 생각했고 나도 모르게 화가 나서 "그 팀 전부 4년제 대학을 나오지 않았나요? 알아서 처리하세요"라고 말했다. 그는 탁월하지도 않았고 간절하지도 않았다. 인재를 선별하지 못한 채용 실패였다.

얼마 지나지 않아 그가 자진퇴사하겠다는 말을 전해왔다. 그가 채용했던 팀원 한 명은 입사한 지 2주도 안 된 상황이었다. 무책임하다는 생각이 들었지만 빠른 정리가 서로에게 좋다고 판단했고 퇴사를 확정했다. 남은 기간 동안 진행하던 일 마무리와 인수인계를 철저히 해달라고 지시했다.

그 후 너무 바쁘다 보니 그의 일을 체크하지 못하고 어느덧 퇴사 당일이 되었다. 진행하던 일이 마무리된 상황을 알려달라고 해서 살펴봤더니 이게 웬일인가. 제대로 마무리된 일이 하나도 없었다. 나는 그에게 정말 너무한 게 아니냐고 했더니 그가 억울하다는 듯 말했다.

"대표님이야말로 너무하시는 것 아닌가요."

어이가 없었지만 퇴사 당일에 화를 내봤자 나와 회사에 안 좋다는 걸 이미 많은 경험을 통해 알고 있었다. 한 예로, 어떤 직원은 말도 안 되는 이유로 병가를 신청했다가 거부하자 자진퇴사하고 구글과 네이버에 회사 평점 테러를 한 적도 있었다. 그래서 나는 일단 그가 왜 그렇게 생각하고 있었는지 이유를 들어보기로 했다.

그는 가용할 만한 자원도 없는 상황에서 자신은 최선을 다했다고 했다. 게다가 보통 기업에서 퇴사 직전에는 휴가를 쓰는 식으로 마무리하는데 너무 끝까지 부려먹으려 했다는 것이다.

또한 도저히 할 수 없는 것도 무조건 해내라는 나의 업무 지시가 너무 힘들었다고 했다. 글로벌 기업에 공식적인 제안을 하는 문서인데 영어를 잘하는 직원이 없는 자신의 팀이 맡을 일은 아닌 것 같다고 했다. 이 말을 들으니 할 말이 없어졌다. 그래서 바로 퇴사를 진행했다.

솔직히 이 부분은 누구의 잘못인지 아직까지도 모르겠다. 영작도 못 하는 팀에게 영작을 시킨 나의 잘못일까. 만일 전문 번역가의 견적을 준비해 전문가를 쓰자고 나를 설득했다면 충분히 검토해봤을 것이다. 그리고 마무리해야 할 업무가 많아서 퇴사 시점까지 역부족이었을 때 이 역시 미리 말했다면 조치를 취했을 것이다. 퇴사 일자를 넉넉하게 잡든지, 아니면 다른 직원에게 인수인계했을 것이다. 그런데 이렇게 아무 일도 하지 않는 식으로 대응하는 건 무책임하다는 생각 말고는 도저히 다른 생각이 들지 않았다.

채용 시 걸러야 할 유형

대기업 출신 직원 모두가 이런 것은 아니다. 하지만 걸러야 하는 유형은 존재한다. 일단 스타트업이나 작은 회사를 대기업의 도피처로 생각하는 사람은 피해야 한다. 이런 유형은 업무 역량을 떠나 분명히 우리 조직에 실망하고 다시 다른 도피처로 떠난다. 여러 차례의 면접을 통해 지원 동기와 현재 몸담은 직장에서 퇴사하는 사유를 여러 각도로 반복해서 물어보자. 그러다 보면 곧 다시 이직할 유형을 걸러낼 수 있다.

그다음으로 걸러야 하는 유형은 오랫동안 단 하나의 좁은 직무에 집중된 경력을 지닌 사람이다. 스페셜리스트가 아니라 정말 좁은 직무 하나만 해본 경우다. 대기업에서는 생각보다 자의적 혹은 타의적으로 직무 전환을 할 기회가 많다. 그런데 오랫동안 하나의 직무만 경험했다는 것은 전문성 부분에서는 좋아도 유동적이고 다이내믹한 스타트업 환경에서는 적합하지 않을 수 있다. 게다가 이런 성향에 리더 경험까지 없는 사람을 팀이나 본부 리더로 세팅한다면 정말 최악의 경험을 할 수도 있다.

마지막으로, 환경 탓을 하는 사람을 피해야 한다. 작은 회사는 자원과 환경이 너무나 열악하다. 위키피디아에 나온 스타트업의 정의를 보면 '혁신적 기술과 아이디어를 보유한 작은 그룹이나 프로젝트성 회사'라고 되어 있다. 즉, 아직 제대로 된 회사가 아니다. 그러니 분명 실망할 것이고 제대로 일하지 못할 것이다. 이런 경우는 면접에서 실패 경험과 그 이유에 대해 아주 구체적으로 물어보면 알 수 있다. 본인의 부족함을 인정하는지, 아니면 남 탓만 하는지 살펴보라.

이렇게 걸러야 하는 유형을 제외하면 대기업 출신은 우리 조직이 한 단계 더 도약할 수 있도록 돕는다. 특히 회사를 막 시작하는 시점(시드 투자를 받기 전)이나 창업 후 데스 밸리를 막 지나 J 커브로 성장할 때 대기업 출신이 있다면 더욱 그 속도를 높일 수 있다. 대표는 항상 민감하게 모든 감각을 곤두세우고 우리 조직에 맞게 적재적소에 우수한 인력을 배치해야 한다. 물론 처음부터 잘하기는 어렵지만 대표가 되면 누구나 할 수 있다. 자신을 믿고 나아가보기 바란다.

06

업무를 거부하는 직원,
어떻게 관리할까?

"이건 제 일이 아닌데요"

나는 머리가 복잡하면 회사 옥상에 올라갔다. 그날 하루 속상했던 일과 흐뭇했던 일을 돌아보며 머릿속을 정리하고 기억과 생각을 밖으로 흘려보냈다. 그렇게 평정심을 찾고 자신감 넘치는 나의 모습으로 돌아갔다. 사람이 하는 일이고 사람과 하는 일이기에 이렇게 하루를 정돈하는 시간은 진정 효과가 있다.

그런데 어느 날 옥상에서 인상을 쓰며 한숨을 쉬고 있는 팀장한 명을 만났다. 당시 감당하기 어려운 많은 일과 팀원 관리 때문에 고된 것은 알고 있었다. 특히 최근에 업무가 추가되면서 팀원들에게 업무 할당이 버거울 것이라 예상도 되었다. 슬며시 다가가 실없는 소리를 하다가 무엇이 힘든지 물어봤다.

그러자 그는 일이 많은 것은 감당할 수 있지만 이기적인 몇몇 팀원 때문에 골치가 아프다고 털어놨다. 새로 들어온 일을 한 팀원에게 할당했는데 곧바로 "그건 제 일이 아닙니다"라고 답변하고 끝이었다는 것이다. 그는 팀원이 무조건 하라는 대로 움직여주는 건 바라지도 않았지만 단칼에 거절하는 것이 아니라 대화를 하면서 조율하기를 바랐다고 했다. 여기서 더 세게 나가면 꼰대라고 뒤에서 욕할 게 분명하고, 억지로 밀고 나가봤자 효율적이지도 않으니 너무 고민이 된다고 했다.

듣고 나니 몇 가지 대응 방법이 생각났고 조언을 해주려 생각을 정리했다. 그리고 이런 생각이 들었다. '나도 그 마음 잘 알지. 이제 ○○ 팀장이 내 마음에 공감해줄까?'

직원의 불만에는 공감이 먼저다

주변에서는 대표의 삶을 잘 이해하지 못한다. 아니, 모를 수밖에 없다. 실제로 대표로 살다 보면 억울한 일이 너무 많다. 늘 직원들 눈치를 봐야 하고 급여를 주고 일을 시키면서도 그들의 상황과 동기부여까지 고민해야 한다. 특히 리더 경험이 없는 창업 초기 시절에는 일 하나 시키는 게 너무 어렵다. 많은 직장인이 무례한 상사를 힘들어하듯, 대표에게는 무례한 직원이 고민거리다.

회사가 성장하면서는 팀원이었던 직원 역시 중간관리자로 올라간다. 이들에게 내 역할의 일부를 위임하면 그들 역시 팀원들에게 실망하고 힘들어하는 모습을 보인다. 그렇게 중간관리자의 일을 하면서 대표의 입장을 겪게 되는 것이다. 그리곤 마침내 대표의 기분을 조금이나마 이해하게 된다.

많은 대표들이 사업 초반에 믿었던 직원에게 섭섭함, 때론 배신감까지 느낀다. 하지만 내 마음 몰라준다고 섭섭해할 필요는 없다. 어차피 돌고 도는 것이며 서로의 입장이 다른 것일 뿐이다. 그들은 개인인 나에게 말하는 게 아니라 대표인 나에게 말하고 있는 것이다.

실제로 창업 초기에 나 역시 소통이 잘 되지 않는 직원이 마냥 좋지는 않았다. 같이 힘을 합해서 나아가도 부족할 판인데 회사 걱정에 전전긍긍하는 나와는 다른 생각을 하는 직원 탓에 속도 많이 끓였다. 조금만 생각을 달리하면 해결책이 나오는데도 다각도로 생각해보지 않는 직원들을 보며 속으로 화를 삭인 적도 많았다. 그러나 나는 내 회사를 차린 것이었고 그들은 고용된 사람들이었다. 당연히 나와 같은 고민과 이해를 가져달라고 하는 것은 무리였다.

나 역시도 대표로서 서툴렀다. 나의 경험치가 올라갈수록, 조직이 커질수록 중간관리자들과 주로 소통하게 되면서 이런 경험은 극히 드물어졌다. 오랜 기간 소통하면서 서로 스타일을 알게 되고 맞춰주고 어느 정도 포기도 하게 되었기 때문이다. 하지만 이제는 그들이 내가 겪었던 고민을 하게 되었고 내가 그들을 도와주어야 하는 상황이 왔다. 내가 겪은 경험과 노하우를 다듬어 프로세스로 만들고 리더로서 성장할 수 있게 해줘야 한다.

다시 사례로 돌아가 보자. 자신의 업무가 아니라고 업무 할당을 거부하는 팀원을 관리하는 방법으로는 '공감하기'를 추천한다. 사람은 감정적으로 결정하고 이성적인 이유를 찾는다고 한다. 그만큼 사람은 감정의 동물이다. 따라서 그 팀원이 어떤 감정 때문에 이런 반응을 하는지 먼저 공감해야 한다.

어쩌면 팀원은 과거 다른 사건 때문에 팀장에게 반항해본 것일 수도 있다. 그렇다면 그 원인을 찾아 해결해줘야 또 반복되지 않는다. 주변 동료에 비해 본인에게만 일이 할당된다고 생각해서 불만일 수도 있다. 이때는 다른 팀원의 일을 설명해주거나 업무 분장을 조정해줘야 한다. 혹은 논리적인 이유와 명분이 필요한 팀원일 수도 있다. 그렇다면 조금 더 충분히 명분과 목적을 설명해주자. 그것도 아니면 조직과 일에 실망해 퇴사를 생각하고 있을 수도 있다. 그렇다면 설득하든 퇴사 준비를 시키든 빠르게 대처하는 것이 더 현명하다.

충분한 공감을 위해 나는 팀이 5~7명 규모로 구성되는 것을 선호한다. 그래야 리더가 팀원 개개인에게 주 1회 정도 집중해서 소통할 수 있다. 이렇게 공감하고 나면 자연스럽게 문제점을 찾아 해결하게 되지만 업무 조율은 아주 신중히 해야 한다.

창업기업에 필요한 것은 헌신이 아니라 신뢰다

창업 초기에는 어쩔 수 없이 업무 분장이 자주 변경될 수밖에 없다. 다만 정식 업무로 채택하기 전에 테스트 기간을 갖도록 하자. 팀원이 신규 업무를 맡기에 버거운 상태라면 일단 기존 업무 중 우선순위가 낮은 것은 잠시 멈추고 새로운 업무를 하게 한 뒤 판단하자. 해봤더니 둘 다 진행이 가능할 수도 있다. 아니라면 이때 팀 전체의 업무 분장을 조율해서 확정해도 늦지 않다.

그런데 이런 반응을 하는 팀원이 정말 잘못된 것일까? 일을 할당하니 바로 본인 일이 아니라고 말하는 팀원은 무례한 것일까? 내가 생각하는 우수한 직원의 역량은 세 가지다. 로열티Loyalty, 업무 처리 능력, 자기 관리 능력이다. 사실 이 중 한 가지만 평균보다 뛰어나도 조직에서 돋보이고 우수한 직원에 가깝다.

업무 처리 능력과 자기 관리 능력은 완벽한데 로열티가 조금 약한 사람을 상상해보자. 그 직원에게 충분한 명분과 목적 없이 신규 업무를 할당하면 반응이 어떨까. 바로 본인 일이 아니라고 반응할 것이다. 다른 두 가지 능력도 평균 이하인데 로열티도 약해서 일을 시키는 게 너무 어려운 팀원이 있다면 채용과 관리를 못한 대표의 잘못이다. 빠르게 정리하는 것이 서로를 위해 좋다. 하지만 다른 능력이 뛰어나다면 억지로 로열티를 심어주려고 노력하지 말자. 우리는 회사라는 플랫폼을 만들었고 대표와 직원도 결국은 그 플랫폼 안에서 합리적인 방법으로 서로를 이용하는 사이일 수밖에 없다.

물론 신뢰라는 것이 생긴다면 시너지가 배가 되고 좋은 관계로 발전할 수도 있다. 하지만 신뢰는 시간이 필요하며 억지로 만들 수 없다. 좋은 조직으로 성장하기 위해 우리는 오늘도 조금 더 공감하면서 개인이 아닌 대표로서 직원들의 반응을 받아들여야 한다.

07

당신의 성공 경험을
프로세스로 만들어라

아무도 모르는 대표들의 속마음

'일하는 꿈 안 꾸고 편하게 좀 자고 싶어.'

'나도 못 한다고 하고 싶어.'

'지금 잘하고 있는 것 맞나?'

이 말들은 나를 포함해 창업기업을 운영하는 대표들의 속마음이다. 과연 대표이사라는 직책에 준비된 사람이 있을까? 대개 월급 받는 생활을 하다가 준비되지 않은 상태로 회사를 차린다. 리더가 되어 하고 싶었던 일을 능력 있는 사람들과 해보려고 창업을 한다.

창업하기 전에 MBA에서 경영하는 법을 배울 수는 있다. 또는 수많은 창업 교육을 통해 초기 기업이 생존하고 성장하는 방법을 배울 수도 있다. 하지만 대표의 마음가짐이나 자기 관리 방법을 알려주는 곳은 없다. 직접 부딪치고 깨지면서 배우고 성장할 수밖에 없다.

10년 동안 대표로서 겪은 어려움을 생각해보면 정말 헤아릴 수 없을 정도로 많고 힘들었다. 물론 직장에 다닐 때라면 얻을 수 없었던 금전적 이득과 성취, 인정, 자아실현 등이 이를 충분히 보상해준다. 그래도 힘든 것은 어쩔 수 없다. 가장 어려운 점을 꼽아보자면 세 가지 정도가 있다.

첫째, 비교 대상이 없다. 대학 시절에는 동기보다 잘하면 좋은 학점이 나온다. 취업할 때는 내 옆에 있는 면접자보다 잘하면 합격한다. 회사에서도 비슷한 연차 중에서 잘하면 좋은 인사평가를 받는다. 그런데 회사를 경영하는 대표는 어떻게 해야 잘하고 있는 것일까.

최대한 이익을 추구하면서 지속가능한 경영을 하는 것이 목표이니 매출이 좋으면 될까? 그러면 그 매출은 누구와 비교해야 할까? 아니면 조직의 규모일까? 규모는 다른 어떤 조직과 비교해야 할까? 이처럼 창업자의 가장 큰 어려움은 내가 잘하고 있는지를 평가하는 것이다.

스타트업은 기존에 숨어 있던 시장 또는 변형된 비즈니스 모델이 많다. 그래서 정확한 경쟁자나 리드하고 있는 기업이 거의 없다. 스타트업의 유니콘이라 불리는 배달의민족이나 토스를 봐도 그들이 나오기 전에 비슷한 비즈니스 모델은 없었다. 그래서 계속 우리만의 북극성 지표North Star Metric(제품이 고객에게 전달하는 핵심 가치가 반영된 지표)를 만들고 테스트해보면서 잘하고 있는지 끊임없이 확인해야 한다.

둘째, 동기부여다. 누구도 대표에게 일을 더 하라고 하지 않으며 잘한다고 칭찬해주지도 않는다. 올해 성과를 달성하면 얼마큼의 인센티브를 가져가라고 정해주는 사람도 없다. 외부 투자를 받았더라도 대표이사의 보수는 정관이나 주주총회에서 최대 금액만 정해둘 뿐이니 거의 마음대로 할 수 있다. 그래서 대표는 스스로 당근과 채찍을 줘야 한다. 즉, 자기동기부여Self Motivation가 필수다. 그러지 않으면 번아웃이나 매너리즘에 빠져버린다.

생존하기 바빠 스스로 동기부여할 기회를 놓치고 매너리즘에 빠지면 정말 무서운 상황이 된다. 아인슈타인은 광기란 다른 결과가 나오리라 기대하며 똑같은 행동을 계속해서 반복하는 것이라고 했다. 즉, 현상 유지에만 급급해하면서 열심히 하고 있으니 내일은 다를 거라고 자기 위안을 하는 것이다.

마지막으로, 감정의 업다운이다. 하루에도 세상을 다 가질 것 같이 기뻤다가 왜 이 일을 하고 있나 생각할 정도로 나빴다가 한다. 이런 일이 반복되다 보면 조울증에 걸릴 것만 같다.

대표의 마음가짐에 따라 직원의 태도도 달라진다

대표들의 감정 변화에 대해 극단적인 예를 들면 다음과 같은 하루를 대표들은 일상적으로 겪는다.

아침에 출근해서 문제를 일으킨 직원을 혼낸다. 그리고 번아웃에 빠진 다른 직원을 독려하고 달랜다. 그런 다음 최근 좋은 성과를 낸 팀을 전 직원 앞에서 칭찬하고 보상한다. 갑자기 외부 고객사에서 몇 달 동안 공들인 계약 건을 드롭하겠다고 해서 절망에 빠졌는데, 설상가상으로 팀장 하나가 면담 요청과 함께 연봉을 올려달라고 해서 어렵게 설득한다. 그러다 다른 고객사에서 어제 발표한 제안을 계약하겠다고 연락이 와 기뻐한다.

이제 숨 좀 돌리려 하는데 어떤 직원이 거짓말한 것을 알아채고 화가 머리끝까지 난다. 이때 갑자기 최근 친해진 파트너사의 담당자가 커피 한잔하자고 한다. 향후 큰 계약 건을 빌미로 무상 협찬을 요구하는데 참 난감하다. 동시에 퇴사 면담을 요청하는 직원의 메일을 받는다. 조직에 대한 실망과 나에 대한 실망을 동일시하는 것 같아서 마음이 불편하다.

그렇게 퇴근 시간이 지나 다시 사무실에 들어가니 친한 직원 하나가 대표님은 너무 바쁘시고 요즘 표정이 너무 어둡다고 한다. 이 모든 것이 하루 동안 일어나는 일이다. 대표의 오늘 기분은 뒤죽박죽이다. 그림으로 그려보면 다음과 같다.

하루에 일어나는 대표의 감정 변화

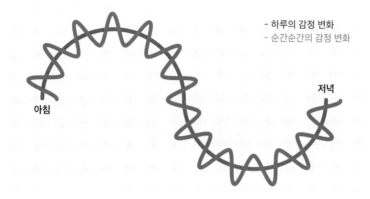

- 하루의 감정 변화
- 순간순간의 감정 변화

아침

저녁

    이렇게 보면 대표는 참 어렵고 하기 싫은 자리다. 그런데 왜 대표를 하는 것일까. 앞서 말한 유무형의 이득이 그 이유일 것이다. 정말 직장 다닐 때는 절대로 느낄 수 없고 얻을 수 없는 것을 얻는다. 지인들의 인정과 찬사도 그중 하나다. 간혹 직원의 진심 어린 말 한마디가 고된 하루를 보상해주기도 한다. 하루는 번아웃 직전에 있는 직원에게 회사를 계속 다니는 이유가 무엇인지 물었다. 그런데 그는 생각지도 못한 답변을 했다.

    "대표님 때문에 다니죠."

    나 때문에 회사를 다닌다고? 듣기 좋으라고 한 말이겠거니 하고 넘겼다. 하지만 그 후에도 비슷한 말을 몇 번 더 들으면서 대표의 모습이 직원의 근속에 영향을 줄 수 있음을 깨달았다.

    특히 창업 조직에서는 회사만큼이나 대표의 이력과 열정을 보고 입사하는 사람이 다수 존재한다. 물론 입사하고 나면 대표 하나만 바라보고 달려가는 직원은 없다. 하지만 작은 회사에서는 대표의 모습이 직원들에게 영향을 미칠 수밖에 없다.

카리스마보다 시스템으로 운영하라

오랜만에 아는 대표님과 자리를 가졌다. 직원은 100명 정도에 안정적인 B2B 사업을 20년 가까이 해온 분이었다. 오랜만에 만나니 너무 살이 빠진 것 같았다. 알고 보니 지난 1년 동안 투병 생활을 했고 다행히도 완치가 되어 다시 복귀했다고 했다. 그런데 그 사이 100명 규모의 회사가 10~20명으로 축소되었고 핵심 인력이 거의 사라졌다고 했다. 안정적이라고 생각했던 회사가 겨우 1년 만에 위태로워진 것을 보고 작은 회사는 대표의 부재로 인한 리스크가 크다는 것을 새삼 느꼈다.

어쩌면 대표님 때문에 회사를 다닌다고 표현한 직원은 나의 상태에 따라 더 많은 영향을 받을 것이다. 대표가 흔들릴 때 같이 흔들릴 가능성이 크다. 당신이 언제까지나 열정 넘치는 초기 창업자일 수는 없다. 대표로서 지속적인 동기부여를 스스로에게 그리고 조직에 해야 하지만 오로지 나 하나만 바라보는 조직은 오래갈 수 없다.

예비 창업자 시절 혹은 창업 초기 시절 나의 말 한마디에 조직이 움직이고 직원들이 헌신하는 상황을 꿈꿨을 수도 있다. 하지만 나의 기분이나 단점에 조직이 영향을 받아서는 안 된다. 초기 조직은 대표나 핵심 인력의 맨파워에 의지할 수밖에 없지만 점점 프로세스에 따라 운영될 수 있도록 변화해야 한다.

각각의 성공 경험을 하나씩 프로세스로 만들어보자. 그리고 정식 프로세스로 채택하기 전에 반드시 파일럿 테스트Pilot Test(본 사업 전에 작고 빠르게 실행하여 사업성을 검증해보는 것)를 통해서 검증하자. 당신이 만족하는 수준을 100점이라고 할 때 70점만 되더라도 만족하고 나아가라. 점차 개선해나가면 된다. 처음부터 완벽을 추구하면 아무것도 시스템화할 수 없다.

나 역시 직원 관리에 관해서 나의 경험과 노하우를 프로세스로 만들어 팀 리더들에게 공유했다. 이렇게 프로세스가 만들어지면 대표도 자신의 포지션을 변화시켜야 한다. 내가 앞장서서 성과를 만든 다음 직원이 따라가는 스타일은 너무 대표 중심의 회사다. 이는 초기 창업기업일 때만 사용할 수 있는 카드다.

프로세스가 만들어질수록 대표는 스프링보드spring board 같은 역할을 해야 한다. 구성원들의 성과를 더욱 빛나게, 더 크게 만들어주는 일이다. 거시적인 방향성에 대한 고민과 함께 환경을 만들어주면서 이들이 달릴 수 있도록 지원해줘야 한다.

물론 항상 장애물은 있다. 그럴 때는 또다시 해결사가 되어 문제를 해결해주면서 프로세스를 고도화하고 점점 안정적이고 탁월한 시스템으로 개선해나가면 된다. 내가 없으면 당장 망해버리는 구멍가게 장사를 하고 싶었던 게 아니지 않은가. 스케일업이 가능한 사업을 하고 싶었을 것이다. 이를 다시 한번 머릿속에 떠올리고 나아가자.

번아웃에
대처하는 법

"대표님, 너무 바빠 보이세요"

주변에서 많이 듣는, '열심히 산다'는 말이 사실은 너무 싫다.

"참 열심히 사시네요."

"너는 정말 틈 없이 인생을 참 열심히 사는 것 같아."

상대방은 아무 뜻 없이 한 말일 수도 있고, 대단하다는 의미일 수도 있다. 하지만 열심히 사는 것처럼 보이는 게 싫다. 마치 길게 이어진 일개미 행렬의 맨 앞줄에 서 있는 느낌이다. 그저 불합리함을 견뎌내며 연차를 채워 승진하고, 퇴근하면 집에서 누워 TV 보고 다시 출근하는 삶이 싫었을 뿐이다. 하고 싶은 것을 하면서 살고 싶었다. 정확히 말하면 하고 싶은 걸 하면서 돈도 많이 벌고 싫었다. '이게 될까' 하면서 망설일 시간에 시도해보고 실패하는 것이 낫다고 생각했다.

그러다 보니 이것저것 정말 많은 일을 시도했다. 창업도 그중 하나였고 운이 좋게도 큰 실패 없이 살아남았다. 불합리함을 견뎌내며 한곳에서 직장 생활을 10년 넘게 하는 삶을 반대하거나 무시하는 게 아니다. 주변의 소중한 사람들 대부분이 그런 삶을 살고 있으며 다만 나는 그런 삶을 버텨낼 수 없었을 뿐이다. 그들을 존중하고 인정하지만 나는 그런 인내심이 아주 많이 약하다. 그래서 창업하고 나서도 많은 것을 시도했고 당연히 성공률은 낮았다. 하지만 모수母數가 많다 보니 절대적인 성공 건수 역시 적지 않았다.

항상 시도하고 실행하는 삶을 살다 보니 정말 많이 움직였다. 다시는 운전하기 싫을 정도로 많은 시간을 운전했고 많은 사람을 만났다. 그리고 평생 할 말과 회의를 창업 기간 동안 다 한 것 같다.

회사의 사업 모델이 검증된 후 성장을 위한 시기가 되니 더 바빠졌다. 만나는 사람도 다양해졌고 스케줄러는 필수였다. 30분 단위로 해야 할 일을 정리하고 조정하고 진행했다. 많은 전화와 메일이 오갔으며 근무시간 동안 항상 핸드폰이 손에 쥐어져 있었다. 미팅하면서도 다른 연락이 오는 것을 처리하다 보니 나중에는 화면을 보지 않고도 메시지를 보낼 수 있었다. 가끔은 아무 메시지가 없어도 폰이 울리는 느낌까지 들었다. 아무리 티를 안 내려고 해도 정신없는 상황 때문에 직원들은 자주 이렇게 말하곤 했다.

"대표님, 너무 바빠 보이세요."

1년에 한두 번 '생각 주간'을 가져라

너무 바빠 보인다는 말은 특히 번아웃에 빠진 직원, 퇴사 면담을 요청하는 직원과 이야기를 나눌 때 많이 나왔다. 면담을 하면 대체 이 지경이 될 때까지 왜 어떤 요청도 없었는지 너무 답답했다.

힘든 점이 있으면 언제든 말해달라고 사람들에게 자주 강조해서 말하곤 했다. 게다가 그들이 올 때까지 기다리지도 않았다. 지나가면서, 업무 미팅 이후 힘든 점이 없는지 묻고 언제든 차 한잔하자고 말했다. 하지만 항상 똑같았다. 상처가 곪아 터지고 나서야 말을 한다. 그때마다 미리 도움을 요청하지 그랬냐고 하면 사람들은 내가 너무 바빠 보여 말을 못 했다고 한다.

일의 결과가 좋지 않을 때도 이런 이야기가 나온다. 목적과 방향을 잘못 이해했거나 역량 부족으로 결과물이 엉망진창일 때 미리 도움을 요청하지 그랬냐고 하면 바빠 보여서, 방해될까 봐 말을 못 했다고 한다. 도저히 이해할 수가 없었다. 열심히 하고도 좋지 못한 결과를 내고 고생을 인정받지 못하는 건 억울하지 않을까. 그렇다면 말하기 어려워도 중간에 도움을 요청하는 게 낫지 않을까.

처음에는 단순히 해당 직원의 역량 부족이라고 생각했다. 하지만 종종 이런 일이 발생하면서 내가 그렇게 다가가기 어려운 사람일까 의문이 들었다. 그리고 질문할 수 있는 사람이란 어떤 사람일까 생각했다.

모든 질문에는 의도(또는 목적)가 있다고 한다. 그런데 과연 직장인 중 몇 명이나 자신의 일에 의도와 목적이 있을까. 거꾸로 말해서 얼마나 많은 리더들이 팀원들에게 목적 또는 의도와 함께 일을 내줄까. 직장에서 질문하기란 본래 어려운 게 당연하다. 그러니 질문하지 못하는 이유가 필요한데 리더가 바빠 보인다는 것은 그 명분으로서 너무나 제격이다.

그렇다면 대표는 한량처럼 한가하게 지내야 하는 걸까. 아니면 실제로는 바쁘더라도 사람들에게는 여유 있어 보이도록 이미지 메이킹이라도 해야 할까? 이 질문에 대한 답으로 나는 '생각 주간Think Week'을 추천하고 싶다. 빌 게이츠는 생각 주간을 1년에 두 번 정도 갖는다고 한다. 이 기간에 몸과 마음을 쉬게 하면서 새로운 아이디어를 만들고 중요한 의사결정을 하는 것이다. 이때는 환경도 중요해서 하루에 두 번, 음식을 배달하는 사람만 빌 게이츠를 만날 수 있다. 실제로 빌 게이츠는 이 기간에 인터넷 브라우

저에 관한 아이디어를 만들어냈다고 한다.

바빠 보인다는 것의 핵심은 현재를 너무 꽉 채워 살고 있다는 의미가 아닐까. 미래가 대비되지 않았기에 현재 극한의 수준까지 달리고 있는 것이다. 그런데 모든 것을 잠시 멈추고 미래를 대비한다면 지금 그렇게까지 살지 않아도 된다.

나 역시 창업 6년 차 정도부터는 1년에 한 번 닷새 정도 모든 것을 내려놓고 혼자서 여행을 갔다. 좋은 곳에 가서 외부와 단절된 채 맛있는 것을 먹고 보고 싶었던 책과 영화를 봤다. 폰은 꺼두거나 보지 않았다.

사실 처음에는 독서 모임이나 커뮤니티에도 나가봤지만 이미 모든 감각이 민감하게 곤두서 있는 상황에서 퇴근 이후에 잠깐씩 하는 활동은 별로 도움이 되지 않았다. 그런데 며칠 동안 온전히 휴식과 생각에만 집중하니 정말 재충전도 되었고 새로운 아이디어도 마구 생각났다. 그렇게 생각 주간을 보내고 회사로 돌아가면 한결 부드럽게 사람들에게 다가설 수 있었다. 또한 보이지 않던 것이 보여서 정말 '대비'할 수 있었다. 회사의 모든 직원과 돌아가면서 하는 점심 식사도 이 생각 주간에 탄생한 아이디어다.

지식을 인풋으로, 경험과 성과를 아웃풋으로 정의하면 사업에서는 아웃풋 대비 인풋이 너무 부족하다. 아마 바빠 보인다는 것도 이 부족한 인풋을 메우기 위해 보이는 행동의 일면일 것이다. 아는 것이 적으면 보이는 것도 적다. 당신이 다소 어리고 젊은 나이에 사업을 시작했다면 계속 인풋을 늘려야 한다. 그리고 인풋을 늘리는 나만의 시간이 절대적으로 필요하다. 그러니 생각 주간을 꼭 갖기 바란다.

바쁜 일상 속 재충전의 시간이 주는 힘

생각 주간을 갖고 나면 본인은 여유가 생기겠지만 여전히 직원 입장에서는 먼저 다가가기 어려울 수 있다. 그렇다면 오피스 아워Office Hour를 만들어보는 건 어떨까. 대학에서 교수가 학생들에게 언제든지 찾아올 수 있는 시간을 개방해두는 것처럼, 대표 역시 직원에게 정기적으로 시간을 오픈해두는 것이다. 그리고 그 시간에는 정말 찾아와서 어떤 말이든 할 수 있다는 것을 보여주어라. 일이 많더라도 그 시간만큼은 멍 때리고 있어보자. 사람들이 찾아올 수 있도록 연기라도 해보자.

물론 아무도 오지 않는 시간도 많겠지만 이는 바쁜 일상 속에서 재충전의 시간이 될 수도 있다. 대표에게는 절대적인 근로 시간이 중요하지 않다. 하루 8시간을 채우는 것이 목적이 아니다. 그런데 자꾸 많은 예비 창업자들이 미치도록 열심히 일하는 것으로 불안감을 숨기려고 한다. 나 역시 그랬다. 하지만 사고할 시간이 없는 바쁨은 비효율적이며 의미 없는 결과를 가져올 가능성이 크다.

여유가 생기면 할 거라는 헛된 망상을 품지 말고 지금 당장 멍때리는 시간을 만들어보자. 창업가에게 이런 시간은 마치 비타민처럼 있으면 좋고 없어도 그만이 아니다. 진통제처럼 안 먹으면 아무것도 할 수 없는 중요한 시간이다.

산재와 병가,
어떻게 처리해야 할까?

구멍가게가 아니라면 반드시 '규칙'을 정하라

창업기업에는 일반적인 회사보다 정말 다양한 유형의 사람이 존재한다. 누구도 따라올 수 없는 장점과 골치 아플 정도의 치명적인 단점, 둘 다 가진 사람을 쉽게 볼 수 있다. 그만큼 신기한 인생 사연을 가진 사람도 많다.

창업 8년 차, 회사에 경력 직원 한 명이 입사했다. 해외를 돌아다니다 다소 늦게 사회생활을 시작했고 30대 중반이지만 자유로운 영혼을 지닌 사람이었다. 새로운 사람과 만나는 것이 좋아서 여덟 명이 한방에서 지내는 게스트하우스에 거주한다고 했다. 그의 인생 이야기는 종종 흥미로운 대화 주제가 되곤 했다.

하루는 그 직원이 거주지에서부터 회사까지 자전거로 통근하기 시작했다고 말했다. 날씨도 따뜻했고 운동도 할 겸 자전거를 통근 수단으로 변경한 것이다. 하지만 내가 보기엔 다소 먼 거리가 마음에 걸렸다. 그래서 조심했으면 좋겠다고, 가능하면 자전거보다는 대중교통을 타는 게 좋을 것 같다고 염려를 표현했다. 그러던 어느 날 출근 시간이 한참 지나서 그 직원에게 연락이 왔다. 자전거를 타고 오다가 넘어져서 뼈가 부러지고 병원에 입원했다는 것이었다.

작은 회사에서는 각 직원의 맨파워가 중요하다. 모두가 100퍼센트로 꽉 채워서 일하기에 담당자의 부재를 대체할 인력이 마땅치 않다. 그래서 휴가도 최소 일주일 전에는 신청하게 해서 대안을 마련하곤 했다. 하지만 그 직원과 같이 뼈가 부러지는 부상을 입은 상황에서 일을 할 수는 없다. 그에게 일단 신경 쓰지 말고 일주일 정도 쉬면서 치료를 받고 정밀검사 결과가 나오면 바로 알려달라고 했다. 일주일 휴가도 유급 휴가로 처리했다.

며칠 후 직원은 전화로 산재 처리 요청을 했다. 그때까지 산재를 겪어본 적이 없어서 당황했고 회사의 산재보험 가입 여부도 헷갈렸다. 일단 알아보겠다고 하고 확인해보니 산재보험에는 가입돼 있었다. 산재보험은 고용보험에 가입되면 필수적으로 가입되는 것이라 모르고 있었지만 우리는 아무 문제가 없었다. 다만 자전거로 인한 재해가 산업재해가 맞는지 의문이 들었다. 핵심은 업무상 재해로 인정될 수 있는지다. 실제 산업재해보상보험법을 살펴보면 다음과 같다.

산업재해보상보험법 제37조(업무상의 재해의 인정 기준) ① 근로자가 다음 각 호의 어느 하나에 해당하는 사유로 부상·질병 또는 장해가 발생하거나 사망하면 업무상의 재해로 본다. 다만 업무와 재해 사이에 상당인과관계 (相當因果關係)가 없는 경우에는 그러하지 아니하다.

1. 업무상 사고
(가) 근로자가 근로계약에 따른 업무나 그에 따르는 행위를 하던 중 발생한 사고
(나) 사업주가 제공한 시설물 등을 이용하던 중 그 시설물 등의 결함이나 관리 소홀로 발생한 사고
(다) 삭제〈2017. 10. 24.〉
(라) 사업주가 주관하거나 사업주의 지시에 따라 참여한 행사나 행사 준비 중에 발생한 사고
(마) 휴게 시간 중 사업주의 지배관리 하에 있다고 볼 수 있는 행위로 발생한 사고
(바) 그 밖에 업무와 관련하여 발생한 사고

2. 업무상 질병
(가) 업무수행 과정에서 물리적 인자(因子), 화학물질, 분진, 병원체, 신체에 부담을 주는 업무 등 근로자의 건강에 장해를 일으킬 수 있는 요인을 취급하거나 그에 노출되어 발생한 질병
(나) 업무상 부상이 원인이 되어 발생한 질병

(다) 「근로기준법」 제76조의 2에 따른 직장 내 괴롭힘, 고객의 폭언 등으로 인한 업무상 정신적 스트레스가 원인이 되어 발생한 질병

(라) 그 밖에 업무와 관련하여 발생한 질병

3. 출퇴근 재해

(가) 사업주가 제공한 교통수단이나 그에 준하는 교통수단을 이용하는 등 사업주의 지배관리 하에서 출퇴근하는 중 발생한 사고

(나) 그 밖에 통상적인 경로와 방법으로 출퇴근하는 중 발생한 사고

문제의 핵심은 3번 출퇴근 재해에 나온 '통상적인 경로와 방법'의 여부다. 그 직원은 일반 대중교통을 타다가 최근에 자전거로 통근 방법을 변경했다. 그 후 사고가 발생한 것을 과연 통상적인 경로와 방법으로 볼 수 있을까.

사실 불가능하다는 생각이 강하게 들었다. 나는 자전거의 위험성을 언급하면서 대중교통을 타라고 의견을 전했다. 게다가 그는 헬멧도 쓰지 않고 자전거로 통근하고 있었다. 솔직히 아주 답답했다. 왜 위험하게 통근하다가 본인은 다치고 회사에는 피해를 주는 것인지 이해가 가지 않았다.

하지만 그 직원의 사정을 알고 있으면서 불가능하다고 말하기는 쉽지 않았다. 그래서 처리해주겠다고 답했고 일주일이 지났다. 실제로 산재 처리를 하면 우리 회사의 보험료도 인상된다(다만 30인 미만 사업장은 비적용). 그리고 사건 이후인 2018년부터는 자전

거도 통상적인 출퇴근 방법이라고 법적으로 변경되었다. 그러니 만일 당신의 직원이 자전거 통근을 한다면 헬멧을 반드시 착용하게 해야 한다.

일주일이 지나고 깁스를 한 그 직원은 재택근무를 며칠 더 신청했다. 그러더니 긴히 할 이야기가 있다고 연락이 왔다. 병가를 몇 달 신청하고 싶다는 것이었다.

다양한 상황을 위해 취업 규칙이 필요하다

산재부터 병가 신청까지 한 번도 겪어보지 못한 상황이라 아주 난감했다. 우리 회사는 소프트웨어 업종에 대부분의 직원이 내근직이다. 제조업과는 달리 업무상 재해를 겪을 일이 없었다. 근로기준법을 살펴봐도 보상에 관한 내용은 있었으나(다음 근로기준법 제8장 참조) 그 기간이나 방법 등은 다소 모호했다. 결국 노무사를 통해 일을 처리했다. 결론은 의사(전문가)의 휴식에 관한 소견서도 없이 병가를 원하는 직원 개인의 요구는 허락하지 않아도 된다는 것이었다.

제8장 재해보상 제80조(장해보상) ① 근로자가 업무상 부상 또는 질병에 걸리고, 완치된 후 신체에 장해가 있으면 사용자는 그 장해 정도에 따

라 평균임금에 별표에서 정한 일수를 곱한 금액의 장해보상을 하여야 한다. 〈개정 2008. 3. 21.〉 ② 이미 신체에 장해가 있는 자가 부상 또는 질병으로 인하여 같은 부위에 장해가 더 심해진 경우에 그 장해에 대한 장해보상 금액은 장해 정도가 더 심해진 장해등급에 해당하는 장해보상의 일수에서 기존의 장해등급에 해당하는 장해보상의 일수를 뺀 일수에 보상청구사유 발생 당시의 평균임금을 곱하여 산정한 금액으로 한다. 〈신설 2008. 3. 21.〉 ③ 장해보상을 하여야 하는 신체장해 등급의 결정 기준과 장해보상의 시기는 대통령령으로 정한다. 〈신설 2008. 3. 21.〉

근로기준법에서 병가 및 휴직은 각 회사 취업 규칙으로 정해서 적용하도록 하고 있다. 다시 말해 현행 근로기준법에 병가에 관한 규정은 없다. 물론 실제 업무가 불가능한 수준이라면 자기 마음대로 하다가 사고가 발생했더라도 병가를 허락했을 것이다. 하지만 우리 회사는 재택근무 제도가 있었고 공식적인 의사 소견서도 없었다. 솔직히 말하면 내 눈에는 그가 이 기회에 유급 휴가를 받아보고 싶은 것으로밖에 보이지 않았다.

결국 그 직원은 퇴사했다. 그리고 얼마 후 구글에 등록된 우리 회사 별점을 1점으로 주는 테러를 했다. 회사를 운영하다 보면 정말 별별 사람이 다 있다. 그들은 나를 너무하다고 생각할 수도 있다. 하지만 회사는 대표 마음대로 바꾸고 정하는 구멍가게가 아니다. 정해진 규칙 안에서 자율적으로 움직일 수는 있지만 규칙을 마음대로 어기거나 바꾸는 것은 회사를 혼란스럽게 한다. 그리고 특정 사건으로 새롭게 규칙을 만들어야 한다면 그 사건만 봐서는 안 된다. 여기서 파생되거나 변형될 수 있는 상황까지 고려해서 정해야 한다.

회사에는 사내 다양한 규정을 정의하는 취업 규칙이 존재한다. 많은 창업자들이 별로 신경 쓰지 않는 부분이지만 취업 규칙은 창업 시작부터 만들어야 하며 계속 개선해나가야 한다.

취업 규칙에는 일반적으로 인사(통칙, 채용 및 근로계약, 퇴직), 복무(통칙, 근로 시간 및 휴게, 휴일 및 휴가, 휴직, 표창 및 징계, 직무발명 보상제), 임금(임금 지급 원칙, 기본급 및 법정 제수당, 퇴직금), 교육, 안전보건 및 재해보상, 남녀 고용평등 같은 내용이 포함돼야 한다. 이를 노무사를 통해 검토받고 시행하면 회사 운영에 많은 도움이 될 것이다.

스타급 인재,
어떻게 관리해야 할까?

"저 없어도 괜찮으시겠어요?"

회사를 운영하면서 인재에 관한 고민은 한순간도 내려놓지 못했
다. 좋은 인재가 있어야 좋은 성과가 나는 것은 말하면 입이 아플
정도로 당연한 이야기다. 사람은 반드시 한 사람과 한 사람이 더
해져 두 사람분의 역할을 하는 것이 아니다. 두 명이서 다섯 명,
열 명의 효과를 내기도 하고, 마이너스 열 명의 효과를 내기도 한
다. 그래서 흔히 한 명분의 성과를 만드는 사람은 B급, 그보다 더
잘하는 사람은 A급, 혼자서 몇 명분의 성과를 달성하는 월등한
인재는 S급이라 한다. 물론 한 명분의 성과도 달성하지 못하는 D
급 인재도 있다.

하지만 절대 개인의 역량만으로 이 레벨이 결정되지 않는다. 우리 조직에서 D급 직원이 다른 조직으로 가서 A급 인재가 될 수도 있다. 그만큼 환경과 리더의 관리가 직원의 능력에 많은 영향을 미치며, 그래서 HR 분야의 다양한 연구와 사례가 존재하는 것이다.

그런데 S급 인재는 조금 다르다. S급 인재는 어떤 환경과 리더를 만나도 항상 반짝인다. 리더의 노력에 따라 S급 인재를 우리 조직에 얼마나 잡아둘 수 있을지가 결정될 뿐이다.

어느 날 모두가 인정하는 S급 인재가 퇴사하고 싶다며 면담 신청을 했다. 그는 최근 번아웃에 빠져서 나 역시 신경을 많이 쓰고 있었다. 본격적인 퇴사 면담은 처음이었지만 퇴사 의향은 이미 몇 번 꺼낸 적이 있었다. 그때마다 힘든 점, 불편한 점, 원하는 점을 들어주고 내가 해줄 수 있는 조치를 모두 다 해주었다. 그럼에도 이렇게 퇴사 면담을 신청하게 된 것이라 너무 안타깝지만 어쩔 수 없이 단념하고 원하는 퇴사 날짜를 물었다. 그런데 갑자기 그 직원의 눈이 빨개지더니 이러는 것이 아닌가.

"대표님, 저 없어도 괜찮으시겠어요?"

이 말에 나는 멍하니 그를 바라볼 수밖에 없었다. 본인이 못 견뎌서 퇴사하겠다면서 왜 이런 말을 하지? 그냥 투정 부려본 건데 내가 심각하게 받아들인 건가? 해줄 수 있는 건 다 해줬는데 이렇게 나오면 어쩌라는 걸까? 수많은 말이 머릿속을 맴돌았다.

하지만 말을 아끼고 조금 더 듣기로 했다.

그는 현재 과중한 업무에 모든 에너지가 소진되고 앞으로도 나아질 것 같지 않아서 퇴사를 결심했다고 한다. 하지만 현재 회사에서 본인이 해오던 역할과 책임이 너무 걱정되기도 해서 어떻게 해야 할지 모르겠다고 했다. 그런데 대표인 내가 몇 번 더 잡지도 않고 흔쾌히 퇴사를 확정하니 꽤 서운했던 것이다. 그는 울분 어린 목소리로 오는 사람 안 막고 가는 사람 안 잡는 것이냐고 말하기까지 했다.

그의 태도는 좀 과장된 것일 수도 있다. 하지만 회사에 대한 진심 어린 걱정을 알기에 오히려 고맙게 느껴졌다. 그는 문제에 대한 해결책으로 사람이 아닌 업무 분담 및 처리 방식에 대한 변화를 원했던 것이다.

논의 끝에 나는 해결책을 제시했고, 진심으로 그를 위해 변화를 시도했다. 그 결과 그는 퇴사 요청을 취소하고 반년 정도 더 우리 회사를 다녔다. 그리고 마지막까지 중요한 프로젝트를 맡아서 좋은 성과를 냈다.

당신의 스타급 직원을 붙잡아라

항상 S급 직원에 대한 고민과 채용 시도는 언제나 어려운 문제다.

여러 가지 요인이 S급 직원의 근속에 영향을 주지만 그중에서도 다음 세 가지는 필수라고 생각한다.

첫째, 리더의 분명한 태도와 의사결정이다. 거시적인 비전과 단기적인 목표를 명확하게 제시하고 이를 기반으로 회사를 운영해야 한다. 주먹구구식 결정이나 기분에 따라 하는 결정은 S급 직원의 빠른 퇴사를 이끈다. 비전에 대한 고민은 다른 장에서도 다뤘지만, 명확한 목적이 이끄는 회사는 직원의 동기부여를 위한 기본 중의 기본이다.

우리 회사를 예로 들면 '아시아 데이터 시장에서 필수적인 시각화 솔루션을 제공하는 No. 1 회사를 목표'로 하겠다는 최종 목표를 제시해야 한다. 또 '올해는 한국 시장에서 데이터를 많이 사용하는 TOP 5 산업의 모든 기업이 우리의 이름을 알 수 있게 만들자'는 단기 목표도 제시해야 한다.

리더는 이 목표를 자주 언급하면서 S급 직원에게 목표 달성을 위한 중요한 역할을 맡기고 필요한 것을 적극 지원해줘야 한다. 해달라고 요청하는 걸 다 해줘야 한다는 말이 아니다. 목표를 위해 필요한 것이라면 진지하게 높은 우선순위로 고민하고 가능한 수준에서 빠르게 실행해야 한다.

둘째, 목표 달성에 대한 성취감이다. 목표를 단순히 전달하고 주기적으로 확인만 해서는 안 된다. 목표 달성까지의 단계를 작게 나눠 설계해서 우리가 한 걸음 한 걸음 나아가고 있으며 잘하고 있다고 격려해야 한다.

목표 달성 때문에 결승선까지 무조건 달려가는 경주마처럼 일한다면 누구라도 얼마 지나지 않아 지칠 것이다. 그간의 성과를 돌아보며 쉬어가게 하는 것도 대표의 역할이다.

셋째, 동료 관계다. 모두는 아니지만 많은 S급 직원이 성과는 탁월하지만 동료 관계에 미숙한 경우가 있다. 〈하버드 비즈니스 리뷰〉의 칼럼니스트인 레베카 나이트Rebecca Knight는 당신의 스타 직원이 조직에서 관계를 잘 구축하도록 장려해야 한다고 말한다. 스타 직원을 위해 때론 롤플레잉까지 불사하며 다른 직원과의 관계가 얼마나 중요하고 필요한지를 알려주고 도와주어야 한다는 것이다.

실제로 혼자서 일하는 직무, 예를 들면 개발 직군 같은 경우 여러 명이 한 달 동안 할 일을 혼자서 일주일 만에 해내는 S급 직원도 존재한다. 그리고 그런 직원은 종종 동료들과의 관계 구축에 어려움을 겪는 경우가 있다.

동료와의 관계 구축뿐만 아니라 S급 직원에게는 적절한 경쟁과 압박도 필요하다. 주변에 너무 역량이 떨어지는 동료들만 존재하면 성과는 물론 사기도 함께 떨어질 수밖에 없다. 넷플릭스 직원들이 오죽하면 그들 회사에서 가장 좋은 건 함께 일하는 동료라고 하겠는가. 사람은 경쟁하고 소통하면서 성장한다. 그러니 좋은 동료와 경쟁 관계를 만들어주자. 여건이 정 안 된다면 대표가 직접 그와 디테일하게 소통하면서 일할 맛이 나게 만들어줘야 한다. 여기서 중요한 점은 마이크로 매니지먼트가 아니라 소통을 해야 한다는 것이다.

지금, 의미 있는 성과를 함께 만들어나가는 관계

이렇게 보니 앞의 세 가지 요인은 S급 직원을 잡아두는 데 필수적이지만 리더가 신경 쓸 일이 너무나 많고 피곤해 보인다. 그러나 어쩔 수 없다. S급 직원을 위해서는 리더도 그만큼 노력이 필요하다. 다만 그 노력이 몇 배가 되어 회사의 성장으로 돌아올 것은 확실하다. 대개 S급 직원이라 하는 이들의 공통점은 다른 에피소드에서 언급했던 '꾸준함'이라는 역량이 탁월하다. 남들보다 인내하는 기간이 더 길다는 것인데 리더가 조금만 신경 써서 소통한다면 그 기간은 더 늘어날 수 있다.

신규 고객 유치보다 기존 고객의 재구매 유치가 더 쉽듯이 항상 그들에게 집중해야 한다. 언젠가 스타 직원은 조직을 떠날 수밖에 없다. 창업을 결심한 당신을 생각해보면 그렇지 않은가. 그러니 너무 조바심을 내기보다는 있는 동안 최선을 다하고 함께 의미 있는 성과를 만드는 데 집중하자.

☐ 조직 구성원 R&R이 업데이트되어 있나요?

☐ 취업 규칙을 만들었나요? 현실과 괴리되는 부분은 없나요?

☐ 법인카드 사용 규칙이 있나요?

☐ 당신 회사만의 복지 제도가 있나요?

☐ 대표로서의 페르소나가 있나요?

☐ 자기동기부여(Self Motivation)를 위한 방안을 준비했나요?

☐ 모든 것을 잠시 멈추는 '생각 주간'을 주기적으로 갖고 있나요?

☐ S급 직원을 오래 근속하게 만드는 관리 방법이 있나요?

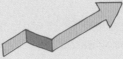

4 부

꾸준히 성장하는 회사로 키워라

디테일한 문제점을 찾아 해결하는 '창업 지속기'

INFO

STARTUP

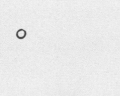

CEO

MAIL

퇴사하는 진짜 이유는
따로 있다

요즘은 퇴사의 시대?

젊은 세대 중에는 더 이상 회사를 평생직장으로 바라보는 사람은 없다고 한다. 흔히 'Z세대'라고 표현되는 이 젊은이들은 회사를 자신이 배우고 성장할 수 있는 플랫폼이라고 생각한다. 그래서 면접에서 나이가 어린 지원자들에게 "회사에서 무엇을 하고 싶나요?"라고 질문하면 "B2B 분야에서 데이터를 활용한 마케팅을 배우고 싶습니다"와 같이 답한다. 즉, 우리 회사가 사업을 영위하는 업계에서 업무를 통해 특정 역량을 배우고 싶다고 답한다.

성과를 만들어 회사에 기여하는 게 아니라 본인이 얻어가고 싶은 것, 배우고 싶은 것을 말하는 요즘 직원들이다. 그리고 회사의 성과는 경영자가 만드는 것이라고 생각한다.

그만큼 요즘 직원들은 직장에 몸 바쳐서 노동소득 극대화를 추구하지 않는다. '소확행', '욜로' 같은 단어가 말해주듯 본인의 삶이 우선이고 회사는 이를 위한 도구일 뿐이다.

많은 전문가들이 앞으로 아마 이런 기조는 점점 더 심해질 것이라 보고 있다. 사장으로서 회사를 대하는 마인드와 직원으로서 회사를 대하는 마인드가 다르다는 것이다. 물론 여전히 일을 사랑하고 회사를 사랑하는 사람도 존재한다. 그러나 대표라는 직급에 있는 사람은 다양한 직원들을 대해야 한다. 그중에서 가장 고민되는 부류의 사람들이 퇴사자다. 퇴사하는 본인도 힘들다는 것을 안다. 나도 그랬으니까. 그러나 그를 퇴사시키는 대표도 못지않게 힘든 것은 마찬가지다.

퇴사 이유보다 중요한 것은 공감과 작은 변화다

지금 회사를 만들기 전에 나는 두 번의 퇴사를 1~2년 간격으로 경험했다. 퇴사와 창업의 이유는 다른 장에서 이야기했지만 좀 더 주도적인 삶을 원했던 것이 핵심이다. 나 자신이 주도적인 경험에 관한 갈증이 늘 있었기에 창업 이후 직원들에게 가능한 한 많은 권한을 주려고 노력했다. 인턴일지라도 프로젝트를 리드해

보거나 주요 외부 고객사와의 업무에 참여하거나 회사의 이름만 들어가는 게 아닌 본인의 이름도 들어간 콘텐츠를 발행하는 등 많은 권한과 자율을 허용했다.

하지만 항상 퇴사자는 존재했고 퇴사의 이유는 다양했다. 정말로 요즘은 퇴사의 시대이고 확실히 직원들은 예전보다 퇴사를 가볍게 생각하는 것은 맞다. 하지만 퇴사 이후의 삶을 걱정하는 것도 분명하다.

그렇다면 왜 이렇게 퇴사자가 전보다 많이 생겨날까? 항상 이것이 궁금했다. 회사에 잘 적응해 일정 정도 이상의 성과를 내는 사람이 갑자기 퇴사하겠다고 말한다. 대표로서는 당황할 수밖에 없다. 대체 왜 그만두는 것인가, 무엇이 문제인가, 나 때문인가, 돈 때문인가, 이 사람이 그만두면 프로젝트는 어떻게 해야 하는가 등 여러 가지 생각이 머릿속을 스쳐 지나간다.

처음 퇴사하겠다는 사람과 면담했을 때는 많이 당황했지만 여러 번 경험하다 보니 조금 익숙해졌다. 그래서 퇴사 면담을 하면서 퇴사의 이유를 좀 더 면밀하게 살피는 여유도 생겼다. 그래서 퇴사 면담 시 그 이유를 알아내려 노력했고 이를 바탕으로 수없이 개선을 시도했다. 물론 나로선 도저히 이해할 수 없는 사유도 있었고, 납득이 되는 사유도 있었다.

그중 가장 기억에 남는 직원의 퇴사 사유는 앞서도 소개했던 "앞으로는 더 이상 직장 생활이 불가능할 듯합니다"였다. 10년 넘게 영업 직무를 하던 사람이 우리 회사에 입사한 지 1년도 채 안 되어 우울증과 공황장애가 생겼다고 했다.

물론 우리 회사에 다니기 전에는 기존 채널 영업(회사가 이미 구축한 영업망을 통해 기존 고객을 관리하거나 신규 상품을 영업하는 일)을 위주로 했고 입사 후에는 신규 채널과 고객 발굴이 그의 일이 되었다. 그래서 더 막연하고 상당한 부담을 느꼈을 것이다.

그 직원은 약도 먹고 있고 이제는 사람 만나는 것이 너무 어렵다며 퇴사 후 시골로 내려가겠다고 했다. 그렇게 맡은 일을 다른 직원에게 인수인계하고 퇴사했다. 그런데 그가 맡고 있던 일에는 거짓말에 가까운 엉터리 건들도 상당히 많았음을 나중에 알게 됐다. 나와 인계받은 직원은 화가 났지만 이미 퇴사한 직원에게 어떻게 하겠는가. 게다가 몇 개월 후 그 직원이 다른 IT 회사의 영업직으로 이직했다는 소식을 전해 듣고 퇴사 사유가 모두 거짓말이었음을 알게 되었다.

이후 나는 진짜 퇴사 사유를 알아내는 데 더욱 집중했다. 일의 실패 경험이 그다음 성공으로 가는 좋은 양분이 되듯이, 직원의 진짜 퇴사 사유를 알게 되면 조직 관리에 훨씬 도움이 될 것이라 생각했다. 그렇지만 이후에도 진짜 퇴사 사유를 말하는 직원은 극히 드물었다. 가장 흔하게 말하는 거짓 퇴사 사유는 "쉬고 싶어요"다. 물론 쉬고 싶은 마음도 있지만 사실은 사람이나 조직에 실망해서 이 조직에 더 이상 있고 싶지 않은 것이다. 즉, 이 조직과의 인연을 그만 끊고 싶은 것이다. 실제로 우수한 역량의 직원이 퇴사하고 쉬고 싶다는 말을 해서 한 달 정도 휴가를 주고 다시 붙잡아봤다. 하지만 그는 휴가를 다녀온 후 결국 퇴사했다.

나와 동갑이면서 전 직장에서 좋은 성과를 냈던 한 직원은 퇴사 사유를 물어봤더니 "대표님 때문입니다"라고 말했다. 그와 나는 일주일에도 두어 번 이상의 다툼이 있었고 나 역시 이 관계에 지쳐 있던 터라 잘 생각했다고 답하면서 빠르게 퇴사시켰던 기억이 난다.

서로의 입장 차이가 있었지만 내가 꼭 지키자고 당부했던 업무 기한이나 커뮤니케이션에 관한 룰을 한 번도 지키지 않았던 직원이었다. 항상 일이 아니라 커뮤니케이션 때문에 서로 부딪혔다. 그런 일이 반복되면서 나 역시 잔소리가 심해졌고 그 역시 많이 괴로웠을 것이다.

스타트업에 합류하는 경력 직원의 단점 중 하나는 본인보다 해당 분야 경력이 적은 리더를 인정하지 못하고 관리받기를 거부한다는 점이다. 이 점이 상당히 강했던 사람이었고 나는 그것을 인정 못 했다. 지금 생각하면 그를 조금 더 믿고 기다리면서 결과가 나온 후 피드백을 주었다면 어땠을까 생각도 든다. 하지만 동아리가 아닌 이상 조직은 반드시 지켜야 할 룰이 있기에 선택을 후회하진 않는다.

이와 비슷한 퇴사 사유로는 "생각했던 것과 스타트업의 일이

다르네요"도 있었다. 이 경험 이후로는 면접에서 최종 합격한 사람에게 한 차례 더 방문을 해달라고 한다. 그리고 회사의 장점만이 아니라 단점, 불편한 점, 우리가 겪고 있는 어려운 점, 그 직원에게 바라는 점 등을 아주 솔직하게 말한다. 그래도 입사하겠냐고 묻고 며칠 동안 생각해보고 최종 결정을 해서 연락을 달라고 한다. 이렇게 하니 그와 비슷한 퇴사 사유는 거의 사라졌다.

'돈, 사람, 성장'에 주목해야

그 밖에도 퇴사 사유조차 말하지 않고 잠적해버리는 직원도 간혹 있었다. 하지만 이렇게까지 예의가 없는 사람은 아주 드물다. 약 10년 동안 수많은 퇴사자와 퇴사 면담을 겪고 나니 진짜 퇴사 사유는 대개 세 가지로 정리가 되었다.

첫째, 연봉이다. '퇴사'의 연관 검색어도 대부분이 돈에 관한 단어다. 우리의 삶에 돈은 너무나 중요한 존재다. 해당 경력의 업계 평균 연봉과 비교해 다소 차이가 크다면 그 직원은 언제든지 나갈 수 있다. 그리고 기본급 말고도 인센티브 역시 중요하다. 합리적인 근거에 따른 조직 내 차등 지급이 아니라면 대부분이 이해하지 못하고 결국 퇴사로 향한다. 직원에게 연봉은 자신의 가치를 정량적으로 표현하는 것이기에 언제나 민감한 부분이다.

둘째, 사람이다. 같이 일하는 동료가 엉망이거나 리더의 자질과 행동이 부족하다면 결국 직원은 퇴사한다. 이 리더란 대표일 수도 있고 팀이나 본부 리더일 수도 있다. 그러니 대표 본인의 자기 관리뿐만 아니라 조직 내 모든 리더의 자질을 항상 관리해야 한다.

사람의 능력치를 수치화하는 것이 가능하다고 가정하고 1이 가장 낮은 역량, 10이 가장 높은 역량이라고 해보자. 어떤 팀이 다섯 명으로 구성되어 있고 각각 3, 6, 4, 8, 7의 역량이라면 과연 팀의 역량은 몇 점이 될까? 평균인 5.6 정도에 수렴할까? 나는 무조건 리더의 역량에 수렴한다고 생각한다. 저 중 리더가 3점이라면 팀 역량은 3점으로 하향 평준화되고, 8점이라면 8점으로 상향 평준화된다. 그만큼 리더의 자질이 중요하다.

마지막으로, 성장에 대한 근거다. 회사에 비전을 못 느껴서, 리더의 열정과 능력이 모자라다는 생각이 들어서, 우리 회사의 산업 분야에 대한 미래가 불투명해서 퇴사하는 경우도 있다. 이를 해석해보면 그 직원은 회사가 자신이 성장할 수 있는 조직인지 확인받고 싶어 하는 것이다. 지표는 대표가 어떤 것이든 고를 수 있다. 매출일 수도 있고 고객 수일 수도 있고 무형의 브랜드 파워나 리더의 변화 및 성장 정도일 수도 있다. 그리고 이를 계속 인지시키고 전달하고 공유하면 된다. 그러면 성장에 대한 갈증 때문에 퇴사하는 직원은 많이 사라질 것이다.

하지만 조직을 운영하면서 직원들에게 좋은 연봉과 동료, 성장에 대한 근거, 존경스러운 리더의 모습까지 모두 다 제공하는 대표는 많이 없다고 생각한다. 사실 나도 그런 대표를 본 적이 없다. 그렇다면 어떻게 해야 할까? 변화를 보여주면 된다.

사람은 상대적인 생각을 많이 한다. 주변과 자신을 비교하고 이를 통해 인지한다. 그러니 이전보다 노력하는 모습을 보이면 된다. 연봉이 문제라면 조금이라도 올려주거나 명확하고 정량적인 약속을 하면 된다. 사람이 문제라면 나부터 변화하는 모습을 보이고 조직 관리에 신경 쓰는 행동을 내일부터라도 하자. 성장이 문제라면 퀀텀 점프는 못 하더라도 어제보다는 오늘이 발전하고 있다는 것을 인지시키자.

이렇게 계속 변화하는 모습을 보여주면 당신의 조직을 이탈하는 직원은 눈에 띄게 줄어들 것이다. 물론 모두에게 이럴 수는 없고, 해서도 안 된다. 정말 맞지 않는 직원이라면 면담을 하고, 심각하다면 서로를 위해 퇴사 이야기를 꺼내보자.

대표라면 알아야 하는
몇 가지 세금 지식

"세전 금액인지 몰랐어요"

경력 직원을 면접 보고 연봉 협상을 해서 채용했을 때였다. 그 직원은 출근한 지 한 달이 지나 첫 월급을 받고 나자 갑자기 내게 면담 신청을 했다. 나는 그때 창업 9년 차였음에도 불구하고 직원에게 처음으로 그런 말을 들었다.

"대표님, 입사 전에 제가 협상한 연봉 금액이 세전 금액인지 몰랐어요."

사실 그는 우리 회사에 합류하기 전 개인 강사 및 1인 회사로 수년간 활동했다. 그래서 매번 사업 매출 또는 프리랜서 형태의 비용을 받았기 때문에 이런 말도 안 되는 소리를 하는 것인가 생각했다. 연봉 협상을 할 때 세후 금액을 기준으로 해본 적이 없어서 나는 다시 바꾸는 건 불가능하다고 답했다.

사실 직원 개인의 급여뿐만 아니라 내 급여도 정확히 실수령액이 얼마인지는 매월 세금 계산 후 급여대장이 산출돼봐야 알 수 있고 매월 조금씩 달라진다. 연봉 협상으로 정해진 세전 급여에서 국민연금, 건강보험, 고용보험, 장기요양보험료 등과 소득세, 지방소득세가 공제된 이후 실수령하는 세후 금액이 월급으로 나가는 것이다.

아무래도 의아해서 경영지원을 담당하는 직원에게 실수령액으로 연봉 협상을 하는 경우가 있느냐고 물었다. 실제로 변호사와 의사는 4대 보험료를 회사에서 지급하고 실수령액 기준으로 급여를 정하는 경우가 있다고 했다. 프리랜서처럼 3.3퍼센트 원천세가 고정된 것도 아니고 금액이 조금씩이지만 매번 달라질 수 있는데 이런 형태의 급여 체계가 있다는 게 놀라웠고, 창업 9년 차인 내가 아직도 모르는 세금 관련 지식이 있다는 데 살짝 부끄러웠다.

결국 그 직원은 수습 기간 석 달을 채우지 못하고 퇴사해서 본인이 원하는 세후 금액을 맞춰주는 다른 직장으로 이직했다. 처음부터 세후 금액으로 서로 커뮤니케이션했다면 이 직원을 채용하면서 놓친 다른 지원자를 선택할 수도 있었을 것이고, 그와 나의 소중한 시간도 아낄 수 있었을 것이다.

세금 업무, 힘들고 귀찮아도 직접 하라

세금은 돈을 벌고 나서 지불해야 하는 단순한 것이 아니다. 사업을 할 때는 돈을 버는 일만큼이나 세금과 관련된 일을 중요하게 생각해야 한다.

만일 내가 직원, 파트너와 함께 회식한 후 비용을 처리한다면 접대비로 하는 것이 맞을까, 복리후생비로 처리하는 것이 맞을까? 때에 따라 다르고 사내 규정에 따라 다르지만 기본적으로 접대비는 한도가 있는 계정 과목이라서 그 한도를 넘으면 경비 인정이 되지 않는다. 그리고 사내에 개발자가 여러 명 있고 회사 내 분리 가능한 공간이 있다면 기업 부설 연구소를 설립해 법인세와 소득세 감면도 받을 수 있는 절세 방법이 있다.

물론 경영지원을 전담하는 직원이 한 명 있고 세무/회계사무소에 기장 업무를 아웃소싱하기만 해도 대표가 신경 쓸 세금 관련 부분이 상당히 줄어든다. 하지만 그렇다고 해서 대표가 세금을 전혀 모르거나 아예 직원에게 맡겨두면 힘들게 만든 매출이 고장 난 수도꼭지에서 물이 새는 것처럼 사라질 것이다.

얼마 전 내가 엔젤 투자했던 모 대표는 이제 막 회사를 창업하고 법인을 설립한 초기 창업가다. 그는 사업 개발과 마케팅 등에서 아주 탁월하고 뚜렷한 성과를 만들어내는 인재였다. 그런데 설립하고 얼마 후 내게 와서 회계와 세금 관련된 일들이 너무 힘들고 싶다고 하소연한 적이 있었다. 그는 회계와 각종 세무 업무를 하다 보면 마치 자신이 술집의 총괄 매니저로 취직한 기분이 든다고 했다. 가게의 모든 일을 한 번씩은 경험해봐야 하기에 진상 손님 전담하기, 오물이 가득한 더러운 화장실 청소하기 등을 하고 있는 기분이라고 말이다.

나의 창업 초기가 생각나면서 상당히 공감했지만 그래도 당분간은 직접 해보고 이후에 경영지원 직원을 채용하라고 말했던 기억이 난다. 나도 초기에 재무회계 관련된 것뿐만 아니라 세금계산서 발행하고 공인인증서, 법인인감증명서 등을 발급하러 등기소에 다니곤 했다. 특히 아침부터 저녁까지는 내부와 외부 회의 및 투자 미팅을 다니고 늦은 시간 사무실에 들어와 직원들의 식사비 영수증을 책에 붙이면서 지금 내가 뭘 하고 있나 회의감을 느꼈던 적도 있었다.

하지만 이런 경험 덕분에 자산은 자본과 부채의 합이라는 개념조차 몰랐던 개발자 출신인 내가 이제는 회계사, 세무사, VC와 이야기할 때도 막힘없이 대화가 가능하다. 다음은 초기 창업자가 꼭 알아두어야 할 몇 가지 세금 종류를 정리한 것이다.

부가가치세

부가가치세는 사업자가 재화나 용역을 공급할 때 거래 상대방으로부터 징수해서 내는 세금이다. 부가가치세는 세법에서 특별히 면세로 열거 규정하고 있지 않은 한 사업자에 의해 행해지는 모든 재화/용역의 공급과 재화의 수입을 과세 대상으로 하며, 세율은 공급가액의 10퍼센트다. 부가가치세는 3개월마다 분기별로 각 분기의 거래 실적에 대해 분기가 끝나는 달의 익월 25일(4/25, 7/25, 10/25, 1/25)까지 예정신고 또는 확정신고하고 납부한다.

법인세

법인세는 법인사업자가 벌어들인 소득에 대해 과세되는 세금이다. 법인세 과세 기간은 법인 정관에서 정해진 회계 기간(사업 연도)이 되며, 법인세 신고·납부 기한은 사업 연도 종료일부터 3개월 이내다. 따라서 12월 말 결산 법인의 경우 법인사업자는 당해 사업 연도에 벌어들인 소득에 대해 다음 해 3월 31일까지 법인세를 신고·납부해야 한다.

원천징수해서 납부하는 세금

사업자가 종업원에게 급여나 상여를 지급할 때는 근로소득세를 원천징수해야 하며 퇴직금을 지급할 때는 퇴직소득세를 원천징수해야 한다. 또 작가, 연예인, 방문판매원이나 프리랜서 등 부가가치세가 면제되는 인적 용역을 제공하는 자에게 사업소득에 해당하는 수당이나 용역비를 지급할 때는 사업소득세를 원천징수해야 하며, 거주자 개인에게 경품이나 사례금 등을 지급하는 경우에는 기타소득세를 원천징수한다.

원천징수 세율이나 세액 계산 방법은 소득별로 각각 다르다. 예컨대 일반 근로자에게 매월 지급하는 급여 등에 대한 근로소득세 원천징수는 국세청에서 정한 간이세액표에 따르고, 원천징수 대상이 되는 특정의 사업소득을 지급할 때는 지급 금액의 3퍼센트(원천징수 대상 봉사료에 대해서는 5퍼센트)를 사업소득세로 원천징수한다.

또 기타소득을 지급할 때는 지급액에서 세법이 정하는 필요경비를 차감한 후의 기타소득 금액의 20퍼센트를 소득세로 원천징수한다. 원천징수한 세금은 소득을 지급하는 달의 익월 10일까지 금융기관을 통해 관할 세무서에 납부하고 원천징수 내역을 기재한 '원천징수 이행상황 신고서'를 작성해 세무서에 제출한다.

원천징수 의무자가 원천징수 대상 소득을 지급하면서 소득세를 원천징수할 때는 '원천징수 영수증'을 3매 작성해 1매는 소득자에게 교부하고 1매는 원천징수 의무자가 보관하며 나머지 1매는 지급조서로 해서 다음 해 2월 말까지 관할 세무서에 제출한다.

주민세

사업과 관련된 지방세 중 주민세는 소득할과 균등할 및 특별징수 주민세로 구분된다. 소득할 주민세는 소득에 대해 부과되는 지방세로서 종합소득세나 법인세를 신고·납부할 때는 그 소득세나 법인세의 10퍼센트를 주민세로 납부해야 한다. 그리고 법인세에 부과되는 주민세는 사업 연도 종료일로부터 4개월 이내(12월 말 결산 법인의 경우 5월 말까지) 사업장 소재지 관할 시, 군, 구에 신고·납부해야 한다.

균등할 주민세는 자본금 및 종업원 수에 따라 법인에 1년에 한 번 정액으로 5만 원 내지 50만 원씩 부과되는 법인사업자의 균등할 주민세가 있다. 균등할 주민세는 사업장을 관할하는 시, 군, 구에서 8월 16일부터 8월 31일 사이에 고지서를 발부하며 납기는 8월 31일까지다.

한편 원천징수 의무자가 소득세를 원천징수할 때는 원천징수하는 소득세의 10퍼센트를 주민세로 징수해 다음 달 10일까지 관할 시, 군, 구에 납부해야 하는데 이를 주민세 특별징수 납입이라고 한다.

자동차세

법인이 자동차를 보유하고 있다면 매년 자동차세를 납부해야 하며 6월과 12월 두 번 납부한다.

등록면허세

등록면허세란 각종 허가, 인가, 등록, 지정 등 특정 영업 설비 또는 행위에 대한 권리의 설정 또는 신고의 수리 등에 부과되는 세금을 말한다. 납부 기간은 1월 16일부터 1월 31일까지로 과세 기준일 기준 현재 음식점, 임대 사업자, 통신판매업, 화물 여객운송 사업 등의 허가 면허를 소지한 사업장은 모두 납부해야 한다.

요즘 창업가들은 직접 세금 관련 강의를 듣는다고도 한다. 찾아보면 여러 클래스들이 열려 있다. 나중을 위해 자잘한 세금 업무도 대표가 직접 해보는 것이 좋지만 정말 손이 모자란다면 세무사 등에게 맡겨도 좋다.

직원 관리, 성과보다
목표 설정이 우선이다

성과는 '타이밍'이다

직원의 성격을 알고 대응하면 조직 운영과 인재 관리에서 상당히 유리하다. 내향적인 사람과는 일대일 면담을 통해서, 외향적인 사람과는 직원들 앞에서 칭찬을 해주고 도전적인 목표를 건네주는 식으로 커뮤니케이션할 수 있다.

하지만 단순히 성격을 내향성과 외향성으로 나누기는 불가능하며 MBTI의 16가지 유형 또한 전체를 설명하기에는 부족하다. 조직에는 항상 아웃라이어가 존재하고, 그 아웃라이어를 어떻게 대응하는지에 따라 조직문화가 형성된다.

창업하고 대표이사가 되면 그전까지 만나보지 못한 아주 생소한 성격의 사람들도 만나게 된다. 이들은 때론 긍정적인 에너지를 주기도, 때론 스트레스로 다가오기도 한다.

창업 6년 차 정도 되었을 때 나보다 열 살 정도 많은 영업직원이 계속 실적을 못 내는 상황이 있었다. 그는 말도 부드럽게 하고 차분하고 묵묵하게 일하는 사람이었는데, 몇 분기 동안 지속된 본인의 실적 악화로 스트레스를 받는 게 보였다. 나는 전략이나 방법에 대한 고민도 함께 해보고, 압박도 줘보고, 달래도 보는 식으로 그를 관리하고 있었으나 역시 실적이 나지 않아 답답하기도 했다. 그런데 그 직원이 어느 날 주간 회의가 끝나고 일대일 자리에서 "이번 분기도 성과 달성 못 하면 나가겠습니다"라고 하는 것이 아닌가.

그 말을 듣는 순간 나는 두 가지 감정이 동시에 떠올랐다. 일단은 그도 사태의 심각성을 느끼고 정말 마지막 힘을 다해서 한번 해보겠다는 각오가 느껴져서 다행이었다. 동시에 더 이상 압박을 주지 말라고 폭탄 발언을 하는 것인가 하는 생각이 들었다. 그동안 서로 합의한 목표를 위해 같이 고민하고 있었고 목표 달성을 못 하면 개선할 방법을 찾아야 하는데, 마치 여기까지만 해보고 도망가겠다는 느낌이 들었기 때문이다. 만일 당신의 직원이 이렇게 말한다면 어떻게 대응하겠는가.

사실 성과를 내지 못하는 직원에 대한 해결책은 너무나 어렵다. 그리고 조직의 규모와 당시 상황에 따라 해결책도 달라지기 마련이다. GE의 잭 웰치 회장처럼 매년 하위 10퍼센트의 직원은 해고해야 할까? 내가 잠시 몸담았던 A 그룹도 '희망 퇴직'이라고 부르는, 실상은 권고사직인 제도를 통해 매년 몇백 명씩 하위 성과자를 정리했다.

그에 반해 역시 잠시 몸담았던 B 그룹은 아무리 나쁜 성과를 내더라도 절대로 사람을 자르지 않았다. 초기 창업기업과 스타트업은 하위 성과자를 오랫동안 감당하기 어렵기에 수습 제도를 통해 3개월 동안 지켜보고 해당 인력의 자질을 판단, 권고사직을 시행하기도 한다.

하위 성과자에 대한 대응은 조직의 문화에 맞게 적용하면 된다. 그런데 사실 성과보다 중요한 것은 태도다. 창업기업이 성공하기 위한 가장 중요한 한 가지를 고른다면 무엇일까? 아이템은 아닐 것이다. 초기 창업기업 대표들은 처음엔 아이템이 중요하다고 생각하고 비밀 유지를 위해 많은 노력을 하지만, 사실 사업을 하다 보면 피봇(사업 방향 및 아이템 전환)을 하기도 하고 같은 아이템으로 시작한 기업의 성과가 너무나 다를 때도 있다. 그러면 돈이 가장 중요한 걸까? 이 역시 상당한 자금력을 갖고 있었지만 실패하는 기업 사례를 보면 정답이 아닌 듯하다.

내가 생각하는 정답은 '타이밍'이다. 내 아이템과 관련된 서비스와 기술 트렌드가 부합되고 여기에 고객의 니즈까지 만나는 타이밍이 오면 아주 좋은 팀이 없어도, 많은 자금이 없어도 쉽게 성공한다. 하지만 이 타이밍은 예측 불가능하다. 사업을 시작하자 마자일 수도 있고 3년 후, 5년 후일 수도 있다. 그래서 이 타이밍 이 올 때까지 견디고 버텨야 하는데 이를 가능하게 해주는 것이 좋은 팀이다. 좋은 사람들이 모여 팀을 이루고 생존하다 보면 타 이밍이 오거나 타이밍에 맞는 아이템을 발굴할 수 있다. 그래서 당장 몇 분기의 실적보다는 좋은 팀을 이루는 데 일조할 수 있는 사람인지, 그런 태도를 보이는 사람인지가 중요한 것이다.

대표로서는 성과에 관해 호언장담하는 직원보다는 함께 상황 을 고민하고 우리의 페인 포인트를 찾아내 타이밍이 올 때까지 회사를 지속가능하게 도와주는 직원이 필요하다. 성과를 달성 못 하면 퇴사하겠다고 하는 직원은 향후 성과 압박이 심해지면 일탈 행동을 할 가능성도 있다.

이 직원은 아니었지만 실제로 어떤 직원은 본인의 성과 압박 때문에 방문도 하지 않았던 고객사와의 계약 건이 잘 진행되고 있다고 거짓말했다가 들켜서 퇴사한 적도 있었다. 그전까지는 실 수를 하거나 자기주장이 강해서 나와 싸웠던 직원은 있어도 이렇 게 거짓말을 했던 직원은 처음이어서 상당한 충격을 받았었다.

데이비드 웰시David Welsh는 논문 〈목표 설정의 부정적 측면 재 구성하기Reconceptualizing goal setting's dark side〉에서 성과 목표보다는 학습 목표를 도입할 때 직원들의 일탈 행위나 비윤리적인 행위를 피할 수 있다는 연구 결과를 보여주었다. 따라서 성과 압박이 없을 수는 없지만 성과에 이르기 위한 필수적인 과정을 목표로 측정하면 좋다. 예를 들면 계약 실적보다는 미팅 성공률 같은 지표, 즉 과정에 대한 목표를 설정하는 것이다.

오로지 성과만 강조하다 호언장담했던 직원이 포기하고 퇴사하게 되면 회사의 이직률에도 안 좋은 영향을 미친다. 앞에서 언급한 것처럼 당장의 실적보다는 장기적으로 지속가능한 회사를 만드는 것이 중요하기에 이런 직원은 상당히 리스크가 크다고 할 수 있다.

직원에게 직접 목표를 제시하라

창업기업은 한 명, 한 명의 맨파워가 너무 중요하다. 그리고 그 개개인을 위해 대표가 쓰는 시간과 에너지 또한 무시하지 못한다. 몇 달 동안 대표도 그 직원을 위해 시간과 에너지를 썼고 이제 일을 혼자서도 할 수 있게 만들었는데, 성과를 달성하지 못했다고 그만둔다는 건 너무나 무책임한 태도다. 이는 실패가 아니라 포기인 것이다.

실패는 직원 개인뿐 아니라 조직도 이로써 성장할 수 있는 값진 경험이 될 수 있다. 오히려 자주, 작게 발생하는 실패는 리스크를 줄일 수도 있다. 하지만 포기는 그동안 겪었던 경험과 노하우가 단절되고 소멸되는 것이다.

그러면 어떻게 해야 할까? 일단 그 직원이 좋은 인재이고 계속 같이 가고 싶은 사람이라고 판단되면 앞서 언급한 학습 목표를 제시하면 좋을 것이다. 그리고 목표를 잘게 쪼개고 달성 가능한 수준으로 만들어 무조건 다음 성과 측정 시기까지 달성하게 한다. 목표를 달성한 직원 개인에게도 좋을 뿐 아니라 조직의 분위기에도 두말할 필요 없이 긍정적이다. 잦은 실패와 성공은 더 큰 성장으로 가는 지름길임을 잊지 말자.

또한 직원이 장기적으로 성장할 수 있도록 같이 고민하고 행동하자. 목표만 다시 만들어준다고 해결되는 일이 아니다. 그 직원은 막다른 골목이라고 생각해서 그런 호언장담을 했을 수도 있다. 어쩌면 슬럼프에 빠져 있을 가능성도 높다. 최대한 밀접하게 붙어 목표를 달성할 수 있게 해주고, 그 공을 직원에게 돌려 사람들 앞에서 칭찬하라. 그러면 슬럼프에서 빠져나오는 것은 물론 돈으로 살 수 없는 신뢰와 로열티를 얻을 것이다.

하지만 이런 노력을 모든 직원에게 하는 것은 조직과 대표의 자원을 낭비하는 일이다. 우리 조직에 맞지 않는 인재라면 목표를 달성하지 못할 시 퇴사하겠다고 말하는 시점에 바로 정리하는 것이 좋다. 물론 법적으로 문제없이, 과하다고 생각할 정도의 대우(휴가와 퇴직금, 위로금 등)를 해주어 조직에 대한 좋은 인상을 남기는 것은 필수다. 그리고 업무 인수인계 매뉴얼은 반드시 아주 상세하게 남기도록 해야 한다.

명심하자. 당신은 단기 성과에만 매달리는 구멍가게를 만들려고 창업하지 않았다. 장기적으로 지속가능한 기업을 만들기 위해 시작했고 지금보다 더 큰 성공을 만들 수 있다. 그러니 조급하게 성과를 측정하고 판단하지 말자.

꾸준한 성과를 내는
조직으로 키워라

"열심히 했는데요…"

어느 날 사업 성과와 영업 기회에 관한 회고를 하다 보니 생각보다 교육에 대한 수요가 있다는 것을 발견했다. 우리는 영업과 마케팅의 수단으로 솔루션과 관련된 교육을 종종 무료로 진행했다. 그런데 이 교육이 유료로 바뀌더라도 관심 있는 잠재 고객이 꽤 존재한다는 사실을 발견한 것이다.

나는 최대 장점이자 단점이라고 할 수 있는, 될 것 같으면 바로 추진하는 스타일답게 파일럿 테스트를 진행했다. 그 결과 우리의 가설이 옳았다. 그래서 본격적인 사업화에 가장 먼저 필요한 능력 있는 담당자를 채용하기로 했다. 수많은 면접을 진행했고 사업 개발 직군의 모호함 때문인지 정말 다양한 커리어를 갖고 있는 지원자들을 만날 수 있었다.

최종 후보는 세 명으로 좁혀졌는데 한 사람은 상당히 전략적인 사고와 접근 방식에 특화된 기획형 인재였다. 다른 한 사람은 제품을 출시부터 홍보와 마케팅까지 해보고 사업화에 성공해본 마케터형 인재였다. 마지막 한 사람은 신규 조직, 신사업팀 경험을 두루 갖고 있는 영업형 인재였다.

결국 마지막 지원자를 채용했고 그는 빠르게 우리 회사에 합류했다. 항상 기운 넘치고 텐션이 높은 그 직원은 나와 동료 직원들에게 새로운 기운을 전했고 같이 일하는 것을 즐겁게 만들어주었다. 하지만 그런 장점에 수반되는, 신중하지 못한 언행과 잦은 실수가 나오기 시작했으며 일정과 약속을 쉽게 어기는 단점도 보이기 시작했다.

물론 누구나 장점과 단점은 있다. 특히 창업 조직에는 장단점의 갭이 아주 큰 사람들이 많다. 내가 느낀 바로는 대기업에는 그리 특별한 단점도 없고 모든 역량이 다 어느 정도 '괜찮은' 사람들이 대부분이다. 하지만 창업 조직에는 쉽게 따라올 수 없는 장점과 골치 아플 정도의 치명적인 단점, 둘 다 가진 사람을 쉽게 볼 수 있다.

그래서 많이 참았다. 나는 그 직원의 뛰어난 장점을 인정했기에 많이 참고 달래고 도와주고 때로는 심하게 혼내기도 했다. 가장 큰 문제는 데드라인이었다. 그는 합의한 일의 기한을 늘 어기곤 했다. 퀄리티에 대한 욕심 또는 예외 사항 때문에 그러는 것치고는 열에 아홉은 기한을 맞추지 못했다. 대체 왜 데드라인을 어기는 것인지, 그래서 어디까지 됐는지 물어보면 항상 똑같은 답변을 했다.

"열심히 했는데요…. 최대한 해봤습니다."

처음 이 말을 들었을 때는 이해하려고 노력했지만 10번, 20번이 넘어가자 화가 났다. 데드라인은 정말 중요하다. 그것이 조직 내부의 약속이건 외부 고객사와의 약속이건 마찬가지다. 회사는 수많은 작은 일이 합쳐지고 서로 영향을 미쳐서 커다란 하나의 일 그리고 성과로 귀결된다. 그러니 하나가 멈추면 다른 일들도 멈출 수 있다. 물론 사람인 이상 약속을 어길 수도 있고 기한을 연기할 수도 있다. 하지만 그는 연기가 아니라 아무 말 없이 기한이 지나도 그 일을 잡고 있었던 것이다.

결국 그에게 일을 연기해도 좋으니 시간 안에 완수하지 못할 상황이 예상되면 만 하루 전에 일의 진척 사항과 얼마나 시간이 더 필요한지 말해달라고 했다. 하지만 그 후에도 결과는 대동소이했다. 우리는 점점 서로에게 지쳐갔고, 악순환의 굴레로 빠져들었다.

나는 누적된 경험을 통해 그가 무책임하다는 고정관념을 갖게 되었고, 그렇게 큰 잘못이 아니어도 심하게 피드백을 하곤 했다.

그러자 그는 점점 더 의논이나 연기 요청을 하기가 어려워서 사전 통보 없이 기한을 어기곤 했다. 그럴 때마다 대체 왜 이러냐고, 무조건 일을 해내라는 게 아니라 못 할 것 같으면 미리 말하면 되지 않느냐고 다그쳤지만 대답은 항상 똑같았다.

'열심히' 보다 '꾸준함'이 중요하다

이렇게까지 사고를 치는 직원을 왜 데리고 있었는지 궁금할 것이다. 하지만 앞서 말했듯이 그는 장점과 단점이 너무 명확한 사람이었다. 그는 OJT On-the-Job Training(직장 내 교육훈련)가 끝난 직후 당시 우리가 새롭게 추진해보려는 사업의 첫 성과를 일주일 만에 만들어냈다. 회사 내 휴게실에서 쪽잠을 자면서 밤을 새워 큰 규모의 계약 건을 따낸 것이다.

그 후에도 다른 사람이라면 망설일 만한 제안이나 제휴 건들을 과감하게 추진해서 만나기 어려운 담당자와의 미팅을 성사시켰다. 치밀한 준비와 전략적인 사고는 없었지만 행동이 빠른 사람이었다. 그러니 치명적인 단점에도 불구하고 그가 개선되기를 기대하고 잔소리를 했던 것이다.

또한 그는 심각한 문제에서 잘 빠져나가는 유머도 갖고 있었다. 한번은 너무나 자주 까먹고 지키지 않는 일에 대해 잔소리를 하다가 답답한 나머지 같이 옥상에 올라가서 바람을 쐬고 있었다. 그러다 내가 이렇게 말했다.

"○○○님, 내 아이큐가 140이 넘는데 나도 모든 것을 스케줄러에 메모하고 알람을 맞춰놔요. 너무 많은 일이 있으니 이렇게 안 하면 안 됩니다."

어렸을 적 아이큐 테스트가 좋게 나온 적이 있었는데 사실 지금은 모르겠다. 하여간 나는 좀 충격을 받으라는 의도로 이 말을 했는데 그가 "알겠습니다!" 하며 신나게 대답하고 나서, 조심스럽게 내 눈치를 살피더니 이러는 것이 아닌가.

"대표님, 그런데 저도 사실 아이큐가 140이 넘어요."

맙소사! 너무 어이가 없어서 웃고 말았다. 물론 항상 이러면 역효과가 날 수 있지만 가끔 이런 유머는 상황을 쉽게 반전시킨다. 게다가 대표에게 농담을 하는 직원은 그리 많지 않다. 항상 홀로 책임을 짊어지고 모두가 어려워하는 위치에 있는 대표에게 이런 농담을 하는 직원은 참 반갑다.

하지만 데드라인은 정말 중요하다. 몇 번이고 강조해도 부족하지 않다. 프로가 아마추어와 다른 점은 제한된 시간 안에 기대만큼의 성과를 '꾸준하게' 만든다는 것이다. 일회성이 아니라 꾸준한 결과, 예측 가능한 결과를 가져오는 것이 프로다. 그런 측면에서 이 직원은 아직 아마추어였던 것이다.

프로의 필수 역량, 커뮤니케이션 기술

이때의 경험으로 이후 입사하는 직원에게는 데드라인의 중요성을 첫 출근 면담 때 강조해서 말했다. 데드라인만 지키면 서로 얼굴 붉힐 일이 없을 것이며, 못 지킬 경우 반드시 하루 전에 연기하면 된다고 했다. 몇 번이고 연기해도 되니 그 부분에 대해 미안한 감정을 갖지 말고 커뮤니케이션만 잘하자고 당부했다.

그런데 이를 한 번도 어기지 않은 직원은 없었다. 나름의 사정과 함께 사전 공유 없이 일정을 어겼으며 항상 비슷하게, 최대한 열심히 했는데 못 했다는 답변을 하곤 했다. 물론 경력이 있는 직원들은 한두 번만 실수하고 이후에는 철저히 지켜서 문제없이 업무를 하곤 했다. 즉, 커뮤니케이션 기술의 차이였던 것이다.

나를 꾸준히 힘들게 했던, 나 역시 많이 괴롭혔던 그 주인공은 결국 퇴사했다. 이후에도 6개월이 채 안 되어 이직을 두어 번 한 것으로 알고 있다. 가끔 생각하면 참으로 아쉬운 사람이다. 분명히 뛰어난 장점이 있음에도 단점 때문에 조직 생활에 잘 적응하지 못하는 것이다. 만일 이를 관리해줄 역량이 있는 리더를 만난다면 잘 성장하리라 생각한다.

그 후 이 정도까지는 아니지만 비슷한 경험을 반복해서 겪으면서 결국 프로는 커뮤니케이션 역량이 필수임을 깨달았다. 당장은 말을 하는 게 어렵지만 일정을 못 지킬 것 같으면 미리 말해서 결국에는 좋은 결과를 만드는 것이 바로 커뮤니케이션 능력이다. 하지만 직원의 커뮤니케이션 역량을 만들어주는 것 역시 대표의 역할이다. 내가 조금 더 다가가기 쉬운 대표이고, 쉽게 제안해볼 수 있는 대표였다면 그 직원은 그렇게 되지 않았을 수도 있다.

직원에게 자주 먼저 물어보고, 의견을 들었으면 바로 행동을 취해주는 것, 이 두 가지가 직원과의 커뮤니케이션을 쉽게 만들어준다. 이처럼 커뮤니케이션 능력은 대표에게도 직원에게도 너무나 중요하다.

그리고 더 중요한 것은 앞에서도 계속 강조했던 '꾸준함'이다. 좋은 능력을 갖고도 진폭이 크면 프로가 되기 어렵다. 직원이 어떤 역량을 갖고 있든 그것을 꾸준하게 발현할 수 있도록 대표가 지원해야 한다. 물론 대표도 그 지원을 계속해줄 수 있는 꾸준함이 필요하다.

직원의 꿈 vs.
회사의 비전

성장할수록 다양성이 중요해지는 이유

나는 다양성Diversity이라는 단어가 좋다. 예상되는 미래가 싫어서
창업했고 그 결과 매일매일 예측할 수 없는 삶을 살고 있다. 무엇
이든 꿈꿀 수 있고 무엇이든 될 수 있는 창업가의 삶에 만족한다.

창업하면 단지 개인의 삶에만 다양성이 존재하는 게 아니라
사업에 정말 다양한 길이 있음을 알게 된다. 같은 방법을 시도해
도 유니콘 기업을 만드는 사람이 있고 폐업하고 신용불량자가 되
는 사람도 있다. 가능성과 리스크가 넘칠 듯이 존재하는 삶은 지
루할 틈이 없다. 설령 좋지 않은 결과를 얻을 때도 환경을 탓할 수
없으니 온전히 나라는 개인에 집중할 수 있다.

조직을 단단하게 만들고 직원이 두 자리 숫자를 넘어서면 다양성의 중요성을 더욱 깨닫는다. 물론 최소한의 룰은 필요하다. 하지만 규칙과 규율이 과해지면 직원 개개인의 장점은 뭉툭해지고 예상 가능한 수준의 결과물을 가져온다.

손익분기점을 넘어서고 나름의 조직 구조를 갖췄다고 하더라도 10년 이하의 창업기업은 중소기업을 벗어나는 경우가 드물다. 중견기업 정도 조직이 아니라면 빠르고 긴밀하게 일하는 방식으로 성장해야 한다. 이를 위해서는 직원 개인의 다양성을 인정하고 그들의 장점을 극대화해야 한다.

직원들의 성장을 위한 환경

〈어반라이크Urbanlike〉 No. 39의 'THE WORKPLACE'에서 러시 코리아의 인터뷰를 보고 참신함을 느꼈다. 회사 내 비혼을 결심한 직원에게 비혼 파티를 열어주고 기혼자와 동일한 유급 휴가와 비혼 축의금을 제공한다고 했다. 직원 입장에서 이렇게 개인의 다양성을 존중해주는 조직이라면 눈치 보지 않고 본인의 역량을 발휘할 것이다. 나 역시 조직의 다양성 존중을 위해 직원의 강점을 인정해주고, 그에 맞는 업무 지시를 하려 노력했다.

다만 좋은 의도로 시작한 일이 항상 좋은 결과를 가져오는 것은 아니다. 항상 아웃라이어가 존재했다. 조직의 핵심 수익 모델이 안정화되는 시점에 사업 운영 인력을 충원하게 됐는데, 우리는 JD^{Job Description}(직무기술서)에 두 가지 업무를 요구했다. 회사의 현재 주요 수입원이 되고 있는 사업 운영을 원활하게 하는 일과 신규 수익 모델을 찾는 일, 두 가지를 맡기고자 했다. 면접에서도 이런 JD를 언급하면서 전자는 80퍼센트, 후자는 20퍼센트 정도로 일하게 될 것이라 설명했다.

면접 결과 적합한 사람을 선별했고 그 직원은 빠르게 우리 조직에 합류했다. 그는 바로 직전에 창업도 해봤고 나름의 성과도 만들어봤던 사람이었다. 그래서 입사 직후 상당히 적극적으로 우리 업무를 배우려 노력했고 질문도 상당했다.

그렇게 본격적인 업무가 시작되었다. 그런데 얼마 지나지 않아 그는 20퍼센트라고 강조했던 후자의 업무에만 관심을 보였다. 나는 몇 번의 면담을 진행하면서 신규 수익 모델을 찾는 것도 중요하지만 주요 업무는 기존 사업 운영이라는 것을 인지시켰다.

그렇게 시간이 지나가고 있었지만 그는 역시 후자의 업무에만 시간을 투자하고 기존 사업 운영에 관해서는 최소한의 업무만 진행했다. 아니, 점점 소홀해지면서 최소한도 못 지키고 안정적이었던 사업 운영마저 삐걱거리기 시작했다.

그는 나와 다시 면담하면서 자신은 후자의 업무에만 집중하고 싶다고 주장했다. 나는 그를 믿어보기로 했고 업무 조정을 해줬지만 그 신규 사업에서도 별다른 성과가 나오지 않았다. 그래서 그에게 하고 싶다던 신규 사업도 잘 안 되는 것 같은데 원인이 무엇이라고 생각하는지 물었다. 그러자 그는 이런 말을 하고 나서 얼마 지나지 않아 퇴사했다.

"대표님, 새로운 일을 시도하기 위한 환경을 만들어주세요. 환경을 만들어주는 것은 리더의 몫이라고 생각합니다."

비슷한 경우가 또 있었다. 경력직으로 입사한 직원이었는데 그 역시 창업해본 경험이 있었다. 그의 많은 경력과 적지 않은 나이 때문에 업무에 빠르게 적응할 것이라고 기대했다. 하지만 그는 동일 직무의 주니어급보다 더 엉망인 실적과 결과를 냈다. 그렇다고 노는 것도 아니었지만 주간 미팅 때마다 핑계만 대기 일쑤였다.

심층 면담을 통해 그 직원의 관심을 분석해봤다. 그는 회사에서 요구하는 업무가 아니라 본인의 예전 창업 아이템과 관련된 일에 관심이 많았다. 물론 우리 사업과 연계 가능성은 존재했다. 하지만 완전한 신사업이었다. 새로운 투자를 해야만 했고 내가 판단하기엔 좋은 사업이 아니었다. 그래서 그에게 본업을 80퍼센트로 유지하면서 남는 20퍼센트의 비중을 두고 한번 진행해보라고 했다. 하지만 반년이 지나도록 이도 저도 아닌 모습을 보이며 단 한 건의 성과도 보이지 못했다. 그 역시 퇴사 면담에서 이렇게 말했다.

"대표님, 이 회사는 신사업 추진을 위한 환경이 아닙니다."

이 두 가지 사례를 어떻게 생각하는가. 그들에게 완벽한 환경을 제공하고 더 많은 시간을 줘야 했을까? 아니면 이들은 아웃라이어일까? 솔직히 너무 답답했지만 반대로 그들이 이런 요구를 할 수 있다는 사실에 '우리 회사가 먹고살 만하다는 것인가'라는 생각도 들었다.

창업 초기에는 이런 경우가 없었다. 조직이 커지고 수익이 나면서 이런 상황과 직원들이 생겨난 걸 보면 그들의 눈에는 우리 조직이 그런 요구를 해볼 만한 곳으로 보였다는 걸까? 창업 초기에는 꿈도 꿀 수 없었던 행복한 고민이라는 생각이 들면서 답답함도 가라앉았다.

물론 대표는 환경을 만들어줘야 한다. 시간과 도구를 지원해주고 방향성을 함께 고민해야 한다. 그리고 직원이 합의된 방향으로 달려갈 때 필요한 환경을 지원해줘야 한다. 직원이 다른 방향으로 가고 싶어 하고 그 쪽에 더 관심 있고 본인이 잘한다고 주장한다고 해서 무조건 그 환경을 제공해야 하는 게 아니다. 이는 다양성이 아니라 제거해야 할 아웃라이어이다. 변화를 원한다면 서로 방향 조정을 논의하고 합의해야 한다. 갑자기 입사한 경력 직원의 개인적인 관심에 모든 자원을 지원해주는 것은 결코 좋은 리더가 아니다.

대표는 이런 일을 방지하기 위해 채용 과정에 많은 노력을 기울여야 한다. 먼저, 주요 업무에 관해서만 JD를 작성해야 한다. 앞선 사례에서처럼 기존 사업과 신규 사업을 80 대 20으로 원한다고 말하지 마라. 주요 업무가 되는 일만 100퍼센트로 상세하게 기술하고 설명하라. 입사 후 수습 기간을 보내고 기존 사업에 익숙해질 때쯤 신규 사업 이야기를 꺼내야 한다. 원래 사람은 듣고 싶은 것만 듣기에 80 대 20 같은 숫자는 지원자를 헷갈리게만 한다.

그리고 경험이 아닌 역량을 평가하라. 개인적으로 우리의 잠재 고객을 수백 곳 갖고 있는 영업 경력 직원이 아니라면 결국에는 역량이 실적을 만든다. 정말 우수한 직원은 적응 기간만 조금 필요할 뿐 어떤 직무를 하더라도 성과를 만든다. 그러니 비슷한 경험을 보유하고 있는지보다는 작은 것이라도 '제로 투 원'을 해봤는지를 보라. 그 과정에서 어떻게 문제를 해결했는지, 어떻게 사고하고 행동했는지에 주목하자.

그리고 그의 전 직장에서 KPI^{Key Performance Indicator}(핵심성과지표)를 평균적으로 어느 정도 달성했는지 보자. 광고 집행 마케팅 직무를 했는데 CTR(온라인 광고의 클릭 횟수)이 무엇인지도 모른다거나 데이터 분석 직무를 경험했는데 회귀분석이 무엇인지도 모른다면 그는 남들이 만들어놓은 환경에서 움직였을 뿐이다.

마지막은 조금 민감할 수 있는 주제다. 창업자와 대표 출신 지원자를 조심하라. 이는 영화 〈매트릭스〉에서 모피어스가 주인공 네오에게 제시하는 '빨간 약, 파란 약'과도 같다. 빨간 약을 먹으면 네오는 진실을 알게 되고, 다시 원래 세계로 돌아가지 못하게 되는 설정이다.

일부 경우를 제외하고는 창업도 마찬가지다. 창업자와 대표의 삶을 살고 나면 다시 직원의 삶으로 돌아가기가 어렵다. 나 역시 다시 직원의 삶으로 돌아가기 싫다. 아니, 돌아갈 수 없을 것 같다. 그래서 창업 경험이 있는 사람을 직원으로 뽑는 것은 정말 양날의 검이다. 그들은 생각보다 조직에 대해 많은 것을 알고 있으며 바로 이 점이 대표에게 좋을 수도, 나쁠 수도 있다. 또한 그들은 돈만으로 움직이지 않는다. 이 역시 좋을 수도 있고 나쁠 수도 있다. 그들을 관리할 자신이 있다면 채용하라.

다양성과 아웃라이어 구분하기

앞의 세 가지 사항을 판단하는 것은 쉽지 않다. 그래서 모든 수단을 다 활용해야 한다. 직무 테스트도 좋은 방법이다. 다만 몇 시간 이상의 시간을 써야 하는 직무 테스트라면 소액이라도 면접비를 반드시 지불하자. 그리고 생각보다 기본에 충실한 사람이 복잡한 일도 잘하는 경우가 많다. 블루보틀 코리아에서는 면접자가 인터뷰를 마친 후 일어나 의자를 집어넣는지 아닌지까지의 디테일을 살펴본다고 한다.

조직의 다양성을 유지하면서 성과를 내기 위해 좋은 직원을 찾는 것은 대표의 숙명이다. 하지만 회사는 학교가 아니다. 그렇다고 일방적인 노동력 헌납을 원하는 것도 아니다. 회사의 방향에 맞는 일을 하면서 직원과 회사 둘 다 윈윈해야 한다. 하지만 회사의 성장에는 관심 없고 개인의 자아실현에만 집중하는 직원은 조직의 성장을 늦출 것이다. 대표에게는 다양성과 아웃라이어를 구별하는 능력이 필요하다.

대표는 '다능인'이
되어야 한다

스페셜리스트인가, 제너럴리스트인가

얼마 전 일곱 살 조카 녀석이 어른들은 장래 희망을 물어보면 제 대로 답을 안 한다고 투덜거렸다. 조카는 공룡 탐험가, 과학자, 의 사, 요리사에서 다시 마술사로 꿈이 자꾸 바뀌곤 했다. 하지만 무 엇이 되고 싶은지 물어보면 망설임 없이 답했다.

나는 종종 면접이나 면담에서 직원에게 꿈이 무엇이냐고 묻는 다. 당황하는 사람도 있고 깊게 고민하는 사람도 있으며, 아주 가 끔 신나게 본인의 꿈을 말하는 사람도 있다. 대부분은 자신의 분 야나 직무에서 차근차근 경력을 쌓아 업적을 만들고 전문성 있는 사람이 되고 싶다고 한다.

어른들의 꿈은 아이들의 장래 희망에 비해 재미가 없다. 보통 현실적이고 달성 가능한 수준을 본인의 꿈으로 생각하고 말한다. 당연하다! 언제까지나 꿈만 꾸고 살 수는 없다. 사회생활을 하면서 수많은 성공과 실패를 경험하며 본인의 역량을 파악하게 되기 때문이다.

그래서 요즘 직원들은 회사를 월급 받는 수단만이 아니라 자신의 커리어를 개발하는 한 단계라고 생각한다. 종착역이 아니라 환승역이다. 물론 가끔은 환승역에 너무 만족해서 종착역으로 변경되는 일도 있다. 하지만 보통 이직·퇴사에 미련이 없다.

또한 입사할 때 지원했던 JD(직무기술서)와 실제 업무가 많이 다르면 무조건 퇴사 면담을 신청한다. 물론 일하다가 회사와 직원이 합의해서 직무가 전환되는 것은 예외다. 하지만 앞서 언급했던 것처럼 핵심 업무와 부수 업무의 비율은 8 대 2의 법칙을 따른다. 직원이 회사에 지원하면서 핵심 역량으로 키워가고 싶은 업무가 80퍼센트 이상, 그 범주에 들지는 않지만 회사를 위해 해야만 하는 일이 20퍼센트 이하로 지켜질 때 일에 대한 직원의 만족도가 유지된다. 실제 주변 직장인에게 물어보면 30~40퍼센트까지도 괜찮다고 한다. 하지만 20퍼센트 이하로 유지되면 만족도가 높아지면서 업무 성과도 확실히 좋아진다.

하루는 한 직원이 업무 면담을 하고 싶다고 했다. 오랫동안 한 가지 업무에만 집중하던 직원이었는데, 여기서 파생된 다른 업무와 잡일이 너무 늘어났다고 하소연을 했다. "저도 전문성을 갖고 싶어요"라고 이야기하면서 말이다.

커리어 개발의 유형은 다양하다. 한 가지 업무에 전문성을 보유한 스페셜리스트, 다양한 업무를 얇고 넓게 다룰 수 있는 제너럴리스트, 한 분야에서 전문가 수준의 역량을 보유하면서도 다방면에 박학다식한 맥킨지의 인재 육성 방식인 T자형 인재도 있다. 요즘은 파이(π)형 인재도 선호되는데, T자형과 비슷하지만 깊이가 조금 다른 두 개의 전문 역량을 보유하고 있는 방식이다. 본인과 조직 모두에게 리스크 관리 차원에서 상당히 좋아 보인다.

직원과 면담을 하고 나서, 솔직히 잘 이해되지 않았다. 그 직원이 말한 파생 업무는 모두 본 업무와 연관되어 보였기 때문이다. 예를 들어 콘텐츠 작성 직무를 하는 직원이 기존에는 블로그를 통한 글쓰기만 하고 있었다고 해보자. 그런데 요즘 트렌드인 카드 뉴스를 위해 사진과 이미지 편집까지 배우고 다뤄보라는 것이 원래 직무에서 벗어난 걸까? 아니면 직무 개발 차원인 걸까? 물론 새로운 스킬이나 역량이 급하게 요구되고, 이런 요구가 자주 바뀐다면 이는 무리한 업무 지시다.

하지만 그렇지 않았다. 내가 보기엔 단순히 새로운 일에 겁이 나는 것 같았다. 그리고 잡일 역시 길게 보면 8 대 2 법칙을 지키고 있었다. 한 달, 두 달이 아니라 분기, 반기로 보면 8 대 2 법칙을 유지하는 것이었다. 하지만 직원의 입장에서는 바라보는 시각이나 잡일의 기준도 달랐을 것이다. 그래서 같이 고민해보자고 답했고, 이후 R&R을 조금 다듬고 지원 인력을 추가로 할당했다. 그렇게 진정시키면서 다음부터는 힘들고 불편한 사항이 있다면 대안과 함께 제시해주면 훨씬 좋을 것 같다고 말했다.

창업가인 당신은 '다능인'이다

대부분의 사람은 변화를 겁내지만 시도하려고 노력한다. 이직과 경력 관리를 위해 전문성 개발이 필요하기 때문이다. 그런데 문득 나의 전문성에 관한 의문이 들었다. 고등학교 때부터 소프트웨어 엔지니어에 대한 꿈이 있었고 대학교, 대학원을 거쳐 직장 생활을 하면서 일관성 있게 경력을 키웠다. 그리고 창업도 이 역량을 바탕으로 소프트웨어를 만들어 사업을 시작했다. 하지만 소프트웨어 개발 업무에 직접 참여하는 것은 창업 초기 1~2년에만 할 수 있었다. 그것도 전체 업무 시간의 10퍼센트 정도만 사용해야 했다.

창업 7년 차 정도가 되자 나는 완벽한 제너럴리스트가 돼 있었다. 그러던 어느 날 갑자기 직원의 업무 전문성에 관한 면담을 하면서, 나 자신에게도 업무 전문성에 관한 의문이 떠올랐다. 아직 30대 중반도 안 된 나이에 회사를 떠나면 나는 무엇이 될 수 있을까? 나는 어떤 부분에 전문성이 있을까? 이런 의문이 머릿속을 꽉 채웠다. 회사를 위해 마케팅도 하고, 영업도 하고, 필요하면 전략도 배우고, 회계도 배우면서 뭐든 할 수 있게 되었으나 전문가와는 거리가 멀었다. 나는 회사를 떠나게 되면 과연 어떤 직업으로 살 수 있을까.

전문성에 대한 불안이 7년 동안의 정신적 스트레스와 맞물리면서 결국 번아웃을 불렀다. 무기력해졌고 감정의 업다운이 심해졌다. 심리 상담도 받아보고 모든 것을 내려놓고 제주도에 가서 닷새 동안 혼자서 사색하며 휴식을 취했다. 내가 이렇게 있으면 회사가 큰일 날 수 있겠다는 압박감도 있었으나 생각하지 않으려고 애썼다. 그렇게 재충전과 생각의 시간을 통해 결국 답을 얻을 수 있었다. '이 회사를 떠나면 나는 무엇으로 살 수 있을까'의 답은 '무엇이든 될 수 있다'였다.

크리스 길아보의 《두 번째 명함》에서는 선택과 집중도 중요하지만 균형과 공존도 엄청난 힘을 발휘할 수 있다고 한다. 나는 어느 것 하나 탁월하지는 않았지만 수없이 많은 분야에서 유능했다.

1만 시간의 법칙을 따라 탁월한 존재가 되는 것도 좋지만 다양한 분야에서 유능한 사람도 충분히 경쟁력이 있다. 창업기업의 대표, 일정한 간격으로 직업을 바꾸는 사람 중에는 이런 유형이 많이 존재한다. 게다가 한 분야에서 고점까지 오르고 나면 다른 분야에서도 상대적으로 쉽게 그 정도까지 오를 수 있다.

하지만 모두가 다능인의 기질을 갖고 있거나 그런 삶을 선호하는 것은 아니다. 스페셜리스트로 살지, 제너럴리스트로 살지는 본인이 선택해야 한다. 하나의 일에 집중하는 것이 효율적인 사람도 있고, 멀티태스킹multitasking(동시에 다수의 작업을 하는 것)이 효과적인 사람도 있다. 실제로 우리 회사에는 동시다발적으로 업무를 처리하면서 극한의 스트레스를 받아 공황장애가 왔던 직원도 있었다. 그러니 전문성을 키우고 싶다는 직원의 고민에는 관심을 갖고 그의 요구를 들어보자.

핵심 업무가 아닌 소모적인 부수 업무는 전체 일의 최대 20퍼센트까지만 차지하도록 신경 써주자. 이런 일은 다른 사람과 나누거나 인턴을 채용해서 처리하면 된다. 실제 국내의 각 대학에서는 학기 중과 방학 중 인턴 제도를 제공한다. 기업과 학생을 매칭해주는 것인데, 학교에서 일부 지원금도 나와서 부담되지 않는 수준에서 인턴 제도를 운영할 수 있다. 인턴의 경우 본인의 업무 전문성을 키우고 싶은 니즈도 있지만 회사의 다양한 업무를 경험해보고 싶은 요구도 크다.

업무 확장에 관해서는 명분을 갖고 설명해보자. 회사 입장에서 이 업무를 해야 되는 이유가 아니다. 그 직원의 커리어에 어떻게 도움이 될 것인지를 설명해야 한다. 대기업 혹은 외국계 기업의 유사 사례를 보여줘도 좋다. 위에서 내려찍듯이 그냥 하라고 할 수도 있지만 향후 퇴사의 명분과 불만의 씨앗이 될 것이다. 거시적인 안목을 지닌 대표로서 진심 어린 말로 다가간다면 거부하는 직원은 100명 중 한 명밖에 없다. 그 한 명은 차라리 빨리 정리하는 게 낫다. 대안 없는 불평은 분위기만 흐릴 뿐이다.

그리고 창업기업의 대표로서 자신의 커리어 전문성에 관한 걱정이 든다면 안심하라고 하고 싶다. 당신이 겪고 있는 깊고 진한, 다양한 경험은 직원으로서는 절대로 겪을 수 없는 것들이다. 이를 바탕으로 어떤 것이든 할 수 있다. 당신의 수많은 성공과 실패 경험은 주어진 대로 사는 삶이 아닌, 살고 싶은 대로 사는 삶을 만들어줄 것이다. 모든 것을 경험하고 모든 것을 느끼고 모든 것을 볼 수 있을 것이라고 자신한다.

창업 지속기 체크리스트

☐ 퇴사율을 줄이는 방법과 정해진 퇴사 면담 절차가 있나요?

☐ 회사가 지출하는 세금의 종류를 명확히 알고 있나요?

☐ 성과를 내지 못하는 직원에 대한 해결책이 있나요?

☐ 역량 평가를 위한 직무 테스트가 있나요?

☐ 직원들의 핵심 업무와 부수 업무의 비중이 8:2를 지키고 있나요?

☐ 당신은 '사람'을 얻고 있나요?

사업은
사람을 얻는 일이다

잠깐 직장인이었을 때 조직의 장과 일대일 자리에서 어떤 질문을 했었는지 생각해보면 다소 뻔한 것들이었다. 취미는 무엇인지, 주말에는 무엇을 하는지, 아침 식사는 했는지 등 어색한 분위기에서 뭐라도 말하고자 지루하기 짝이 없고 상대방을 고려하지 않은 질문들을 했다.

만일 그 시절로 다시 돌아간다면 대학 시절의 꿈은 무엇이었는지, 처음부터 임원을 목표로 했는지, 재테크는 어떻게 하고 있는지, 제일 미운 직원은 어떤 유형인지, 제일 고마운 직원은 어떤 사람인지, 오랜 근속 기간과 회사의 충성심을 지킬 수 있는 원동력은 무엇인지 등을 물어볼 것 같다.

보통 나처럼 직원으로 살아가다가 창업해서 대표의 자리를 경험하고 나면 양쪽의 입장과 생각을 얼추 알게 된다. 같은 상황이라도 대표와 직원의 입장과 생각은 다르다. 나도 경험해봤지만 이렇게나 다를 수 있다는 게 신기할 뿐이다. 그래서 지금 다시 직원으로 돌아간다면 정말 S급 직원이자 최고의 2인자가 될 것만 같다. 물론 그럴 일은 절대로 없겠지만 말이다.

창업 후 종종 직원들과 식사 자리 또는 티타임을 만들어 분위기를 살피곤 했는데, 그때마다 주말에 무엇을 하느냐는 질문 다음으로 많이 나오는 질문이 바로 "왜 창업하셨어요?"였다. 직원보다는 지인이나 외부 클라이언트가 항상 묻는 질문이었지만, 직원들도 40퍼센트 정도는 물었던 것이 기억난다.

나는 '생업'이라는 단어를 좋아한다. 살아가기 위해 하는 일이라고 정의하며 영어로는 'occupation'으로 '직업'이라는 단어와 특별히 다른 해석이 있지 않다. 하지만 개인적으로 느끼는 생업이란 생존하기 위해 돈을 버는 일뿐만 아니라 살아가면서 자아를 실현하는 일이자 나를 분출하는 수단이며 나라는 사람을 80퍼센트 이상 설명할 수 있는 것이다.

그래서 석사 시절 논문이 통과되고 회사의 면접을 보러 다니면서 입사 이후의 일과 삶에 대한 상상의 나래를 펼치며 즐거워했던 기억이 난다. 한번은 학교 리쿠르팅 데이에 방문 온 모 그룹사와의 인터뷰 자리에서 직원에게 "왜 이 회사를 선택하셨어요? 어떤 부분이 만족스럽고, 어떤 부분이 불만족스러우세요?"라고 질문했다. 그때 그 직원은 이런 질문을 하는 취업준비생은 거의 없다면서 살짝 얼굴을 붉히면서도 조심스럽게 자신의 이야기를 들려주었다. 일에 관해 물어볼 때와 개인의 삶에 관한 것을 물어볼 때는 정말 상대방의 반응과 이야기의 깊이가 달라진다.

그렇게 입사한 직장에서는 급여와 복지, 뛰어난 동기와 선배 때문에 만족스러운 경험도 했지만 전반적으로 조직에 많은 실망을 하고 퇴사했다. 내가 느끼기에 큰 규모의 조직은 A급 인재로 B급의 일을 한다는 느낌이 강했다.

아니, 느낌이 아니라 사실이었다. 연구원들이 아무리 혁신적인 아이디어로 빠르게 제품의 프로토타입까지 구현해도 본부장의 KPI와 별로 연관이 없다면 무의미하게 사라지는 프로젝트가 다수였다. 그리고 불필요한 일이 업무의 대부분을 차지했다. 그건 내가 생각하는 생업이 아니었고, 내가 생각하는 나를 표현하는 일이 아니었다. 때론 이 정도의 일을 하고 월급을 그렇게까지 받는 게 미안하기도 했다. 그래서 창업을 결심했고, 뛰어난 사람들과 의미 있고 제대로 된 일을 해보고 싶었던 것이다.

그렇게 2년간의 직장 생활을 마무리하고 창업을 시작한 추운 겨울, 친구 어머니의 빌라 건물 반지하방에서 공동창업자들과 일주일 내내 김치볶음밥을 해 먹고 이불을 뒤집어쓴 채 제품 프로토타입을 개발했다. 대기업을 다닐 때와는 삶의 질이 엄청나게 떨어지고 몸도 많이 상했지만 직장 다닐 때는 느낄 수 없던 만족감과 성취감을 맛보며 나의 조직에 모든 것을 쏟아부었다. 그 결과 세 명으로 시작된 회사는 10명, 20명으로 점점 커져갔다.

사업은 결과적으로 성장하긴 했지만 여기에 이르기까지 많은 장애물이 있었다. 그중에서도 대기업에서 느꼈던, A급 인재로 B급의 일을 한다는 게 절대로 쉬운 일이 아님을 알았다. B급의 일을 하건, C급의 일을 하건 A급의 인재를 모았다는 사실만으로도 엄청난 성과인 것이다. '인사人事가 만사萬事'라는 말처럼 좋은 인재를 모으는 것은 정말 어렵고 프로젝트의 성공에 무시할 수 없는 영향을 준다.

나 역시 A급 인재를 모시기 위해 다양한 복지는 물론 급여 부분에서도 많은 고민을 했다. 대기업 수준까지는 못 맞추더라도 중소기업 평균 연봉보다는 높게 측정했으며, 일의 성과에 따라 대기업의 같은 연차 대비 더 많은 급여를 받을 수 있는 인센티브 제도도 설계했다. 하지만 창업은 사람과 함께 식도염, 만성두통, 고혈압, 거북목, 어깨통증, 10킬로그램이 넘는 살까지 가져다주었다. 그만큼 속상한 일이 많았는데 대부분이 사람과 관련된 것이었다.

그중 하나는 바로 동업자, 공동창업자와의 관계다. 나를 포함해 세 명이 함께 시작한 사업에서 내가 많은 책임과 자본금을 투자하는 대신 절반에 가까운 지분을 가져갔고 나머지를 두 명이 나눠 갖는 식으로 처음에 정했다. 공동창업자 한 명은 고등학교 시절부터 친구였고 다른 한 명은 대학 시절부터 정말 친했던 이성 친구였다. 그러나 결국에는 창업 2년 차에 한 명을 내 손으로 직접 내쫓을 수밖에 없었다. 여러 가지 사유가 있었지만 가장 큰 이유는 이 친구를 내보내지 않으면 조직이 망할 것 같은 상황이었기 때문이다.

동업자들은 나를 대표이자 리더로 인정하지만 자신의 기억 속에 있는 친구로 대할 때가 종종 있다. 이는 조직에 혼란을 가져오고 리더십에 안 좋은 영향을 끼친다. 다행히 내가 많은 지분과 책임, 권한을 갖고 있어서 그나마 조금 수월했지만 만일 공동창업자와 N분의 1로 지분을 나눠 가지려고 했다면 정말 최악의 상황을 맞이했을 것이다.

또 하나 속상한 경험은 지인의 합류에 관한 것이다. 작은 창업 기업이 공개 채용으로 A급 인재를 모셔오기는 하늘에서 별 따기와 같다. 그래서 나도 대학교, 대학원, 이전 직장, 여태까지 몸담았던 다양한 모임에서 뛰어난 사람을 데려왔고 이는 보통의 창업기업 대표들이 하는 방식이기도 하다. 하지만 기업은 폐업에 수렴한다는 말이 있다. 재벌 기업의 특수성이 있는 우리나라는 조금 예외지만 미국 같은 경우 10년 전 10대 기업과 지금의 10대 기업은 그 리스트가 완전히 뒤바뀌었다. 이처럼 기업은 지속가능성을 추구하지만 나쁜 이유로든 좋은 이유로든 결국에는 사라진다.

직원도 마찬가지다. 직원 역시 결국에는 퇴사에 수렴한다고 할 수 있다. 게다가 요즘은 이직과 퇴사의 시대가 아닌가. 그렇게 퇴사하면 지인과의 좋았던 관계가 유지될 확률이 상당히 낮다. 보통 직원은 사람이나 조직에 실망해서 더 나은 곳으로 가려고 퇴사를 하는데, 이때 조직에 대한 실망은 대표에 대한 실망과 동일시되기 때문이다.

결국에는 뛰어난 사람이었던 지인과의 관계가 단절되거나 그전으로 돌아갈 수 없게 된다. 사업을 하다 보면 새롭게 알게 되고 얻게 되는 소중한 인연과 사람이 있다. 하지만 때때로 이렇게 인연을 잃기도 한다. 어쩔 수 없는 현실이다.

다시 앞의 질문으로 돌아가자. 내게 왜 창업했느냐고 물어보는 직원은 어떤 사람일까? 단지 직장인 시절 내가 리더와 면담하며 어색함을 깨기 위해 했던 것처럼 아무 질문이나 던진 것일 수도 있다. 하지만 내 관심사이자 내가 일하는 이유와 관련된 질문을 한 사람이기도 하다. 즉, 배려와 공감의 중요성을 잘 알고 있는 직원일 가능성이 높다. 당연하다고 생각하지 않고 왜 그런지 궁금해하며 상대방의 입장을 헤아리는 데서 공감이 발현된다.

대부분의 직원은 대표는 월급 제대로 주고, 복지 좋고, 일로 힘들게만 하지 않으면 된다고 생각한다. 그런 측면에서 이런 질문을 한 직원은 상당한 공감형 인간일 가능성이 높다. 공감 능력이 강한 사람은 팀이나 본부 리더의 책임을 맡았을 때도 팀원들을 살피며 업무를 리드해 좋은 성과를 낸다. 그리고 일과 팀원, 외부 고객의 페인 포인트를 잘 찾아낸다. 그러니 이런 질문을 하는 직원이 있다면 먼저 공감과 배려의 성향이 있는지 지켜보고 그에게 중요한 직무나 책임을 맡겨보면 좋을 것이다.

사실 창업의 이유는 다양하지만 성공하기 위해서는 '사람'이 빠질 수 없다. 어떻게 보면 사업은 사람을 얻는 과정이며 하다 보면 사람을 얻는 사업을 해야 한다는 걸 알게 된다. 사람을 얻는 사업, 그것이 창업의 이유다.